Cuaderno de estudio y referencia
to Accompany
La escritura paso a paso

Cuaderno de estudio y referencia

to Accompany

La escritura paso a paso

Paloma Lapuerta
Central Connecticut State University

Gustavo Mejía
Central Connecticut State University

Upper Saddle River, New Jersey 07458

Sponsoring Editor, Spanish: *María F. García*
Editorial Assistant, Spanish: *Amanda Staab*
Director of Marketing: *Kristine Suárez*
Senior Marketing Manager: *Denise Miller*
Senior Managing Editor: *Mary Rottino*
Project Manager: *Manuel Echevarria*
Project Manager: *Jill Traut, ICC Macmillan Inc.*
Prepress and Manufacturing Buyer: *Cathleen Petersen*
Cover Art Director: *Jayne Conte*
Manager, Cover Visual Research and Permissions: *Karen Sanatar*
Marketing Coordinator: *William J. Bliss*
Publisher: *Phil Miller*
Cover Image: *Getty Images, Inc.*

This book was set in 10/13 AGaramond by ICC Macmillan Inc. and was printed
and bound by Bind-Rite Graphics/Robbinsville.

For permission to use copyrighted material, grateful acknowledgment is made to the copyright holders
starting on page 129, which are hereby made part of this copyright page.

PEARSON
Prentice
Hall

© 2008 by Pearson Education
Upper Saddle River, NJ 07458

Printed in the United States of America
10 9 8 7 6 5 4 3 2

ISBN   0-13-228187-2
          978-0-13-228187-4

Pearson Education LTD., *London*
Pearson Education Australia PTY, Limited, *Sydney*
Pearson Education Singapore, Pte. Ltd
Pearson Education North Asia Ltd., *Hong Kong*
Pearson Education Canada, Ltd., *Toronto*
Pearson Educación de México, S.A. de C.V.
Pearson Education-Japan, *Tokyo*
Pearson Education Malaysia, Pte. Ltd
Pearson Education, *Upper Saddle River*, New Jersey

Contenido

Capítulo 5   *El comentario*   73

Capítulo 6   *La argumentación*   89

Preface

Cuaderno de estudio y referencia works as a well-integrated supplement that allows students to expand their cultural, organizational, and grammatical knowledge through readings and activities that can be done at home. Throughout the main text book, there are continuous references to explanations and activities that appear in *Cuaderno* and that students should do for homework. *Cuaderno* is divided in three sections: *Historia y cultura, El arte de escribir,* and *Gramática aplicada*.

Historia y cultura *de la noticia, de la carta, etc.*, focuses on cultural aspects. For example, in Chapter 1, there is an overview of the news item (*La noticia*) and the media in general in a historical and sociological context. Through a cultural reading and related activities, this subsection aims, on the one hand, to encourage students to make cultural comparisons and connections, and on the other, to help students to better understand the context in which the type of texts they are working with are or have been used. This section also helps students develop vocabulary and reading skills.

El arte de escribir *una noticia, una carta, etc.* has a dual purpose: to build on the basic composition elements identified in *Preparación* and *Contexto*; and to give students concrete tips on how to organize, structure, or approach the writing for the chapter. This part also has a number of activities that students will be asked to do at home to prepare for the work that will be done in class during the days that correspond to the *Producción* section.

Gramática aplicada serves as the linguistic referent of the book and has a particular approach to grammar, as the title suggests. The grammar is not intended to serve as a general review of predetermined grammar topics, but rather to identify and practice the real connections between the language and the specific writing purpose at hand. Thus, the explanations are not meant to be exhaustive, but limited to the needs of the student when performing a particular writing function. The section is structured around strategies that allow students to become better writers by enriching a particular text with the use of syntactical features such as complex sentences, adjectives, or connectors. Very clear and concise explanations of grammatical points that students can review on their own are followed by a number of activities whose purpose is to enrich given written texts and/or creating texts of progressive complexity.

Throughout *La escritura paso a paso*, there are *Cuaderno* boxes with help icons that contain references to *Cuaderno de estudio y referencia* sections to facilitate review of organizational and grammatical aspects. In the *Cuaderno*, these cross-references from the textbook are indicated by a help icon. Additionally, *Tarea* boxes suggest homework that students can do as they advance in each chapter.

CAPÍTULO

1
La noticia

HISTORIA Y CULTURA

La noticia oral

Nosotros leemos periódicos, miramos las noticias en la televisión, o en la Web. Pero no somos los únicos ni los primeros en buscar noticias y en compartirlas a través de nuestros **sistemas de información**. Los primeros sistemas de transmisión de noticias existieron hace miles de años, pero eran sistemas de **transmisión oral**. El **grito**, la **trompa**, el **humo** o la **percusión** llevaban y traían avisos y noticias de celebraciones, de muertes y nacimientos, de presencias extrañas, de batallas ganadas o perdidas. Aún en el Siglo XIX las rebeliones de esclavos negros en América se anunciaban y organizaban con tambores. En la novela del escritor cubano Alejo Carpentier *El reino de este mundo,* tambores y caracolas son el lenguaje de la noticia que anuncia el retorno del líder Mackandal y el comienzo de la rebelión.

En la antigüedad había **mensajeros** que llevaban y traían noticias al servicio de sus reyes o señores. Noticias de movimientos de gentes y de tropas, noticias de intrigas, de invasiones, de triunfos y derrotas. Desde la **Edad Media** hasta el Siglo XX los **pregoneros** funcionaron como **periódicos orales**. Llevaban las noticias importantes de un pueblo a otro siguiendo una ruta regular y periódica, y transmitían las noticias de forma pública, gritando el texto del **pregón** delante de la iglesia o en la plaza del mercado. Los *barrahs* del Rif, en Africa, cantaban sus pregones y noticias con rima y música. En la Europa medieval y renacentista, por otro lado, los **juglares** componían y cantaban **romances** que llevaban las historias del pasado o los sucesos del presente, tanto a la aristocracia como al pueblo. Y en México el **corrido** cumplió una función similar a la del romance durante la revolución mexicana y hasta hoy. El corrido de *La toma de Zacatecas* es un ejemplo perfecto de este tipo de **corrido-noticia**.

> Voy a cantar estos versos,
> de tinta tienen sus letras:
> voy a cantarles a ustedes
> la toma de Zacatecas.
>
> Mil novecientos catorce,
> mes de junio, veintitrés,
> fue tomado Zacatecas
> entre las cinco y las seis.

 1-1 **Para entendernos.** Revisa el texto anterior y, guiándote por el contexto, explica brevemente cada uno de los conceptos siguientes.

Concepto	Explicación
Sistemas de información	
Transmisión oral	
Mensajeros	
Pregoneros	
Juglares	
Romances	
Corrido	

1-2 **La noticia del día.**

Primera fase. Repasa otra vez el texto que acabas de leer y completa la siguiente tabla escribiendo en las columnas de la derecha la información que se te pide en la de la izquierda.

	1	2
Dos temas de noticias que aparecen en el texto		
Dos nombres de oficios de personas que transmiten noticias		
Dos tipos distintos de noticias orales		
Dos materiales/instrumentos para transmitir noticias orales		

Segunda fase. Escribe un párrafo breve contestando las siguientes preguntas

1. ¿Qué sistema de información está más desarrollado en nuestra época: el oral, el escrito o algún otro?
2. ¿Qué sistemas orales de información usas tú en tu vida diaria?
3. ¿Qué profesiones se relacionan hoy día con la distribución de noticias orales?

La noticia escrita

Hacia el año 300 A.C. los pueblos de Mesopotamia escribían ya cuidadosamente en sus **tabletas de arcilla** (*clay*). No eran noticias lo que escribían en esas tabletas, sino asuntos comerciales. Pero ya en el año 50 A.C. la **carta** se había convertido en vehículo de noticias, aunque todavía eran cartas privadas, como las de Cicerón, escritas de gobernante a gobernante, o de político a político. El pueblo era analfabeto y la noticia escrita seguiría siendo durante muchos siglos propiedad de las élites.

En el **Renacimiento** aparecieron los primeros antepasados de nuestros periódicos. Eran los **folletos** o **pliegos** de noticias y las **gacetas**, y su producción impulsó los primeros servicios de noticias escritas. **Agentes** y **corresponsales** de las compañías financieras— como la Fugger, de origen alemán— transmitían noticias comerciales, políticas y sociales desde toda Europa, Asia o América. Los **copistas** y **traductores** se organizaron para la circulación de esas noticias copiadas a mano antes de que existiera la **imprenta** (*printing press*).

La llegada a América de los españoles revolucionó la transmisión de noticias. La carta privada de Colón que anunciaba su descubrimiento a la corte se convirtió —traducida, copiada e impresa por centenares— en documento público de información. La difusión de la «Carta del descubrimiento» reveló el poder de la **noticia impresa** para representar realidades, y el poder de la persona que controla la escritura y publicación de esa noticia.

Benjamin Franklin fue plenamente consciente de ambos cuando en 1727 fundó su *Pennsylvania Gazette*, el mejor y mayor periódico de su época. Ya desde ese momento y durante todo el proceso de independencia de las colonias británicas en América, el periódico jugó un papel fundamental y doble: como transmisor de noticias y como formador de opiniones. Podemos decir que con el periódico de Franklin nació en América la prensa moderna.

1-3 **Para entendernos.** Miren cada uno de los siguientes conceptos que aparecen en la lectura y expliquen en dos líneas su significado dentro de su contexto.

Concepto	Explicación
Tabletas de arcilla	
Gacetas	
Corresponsales	
Copistas	
Noticia impresa	

1-4 **Demuestra lo que sabes.**

Primera fase. Contesta las siguientes preguntas en dos o tres líneas.

1. En la Europa del Renacimiento ¿quién escribía las noticias y quién las publicaba?

_____

_____

2. ¿Por qué fue revolucionaria la difusión de la carta de Colón?

_____

_____

3. ¿Qué comprendió Benjamin Franklin?

_____

_____

4. ¿Cuáles te parecen los momentos más importantes de la historia de la noticia escrita según el texto?

_____

_____

Segunda fase. Escribe en siete a nueve líneas un resumen de la historia de la noticia escrita que acabas de leer.

_____

_____

_____

_____

_____

_____

_____

_____

_____

1-5 **Sobre la noticia.** Haz una investigación sobre alguno de los siguientes temas relacionados con la historia de la noticia y prepara una breve presentación para la clase. Visita la página electrónica de *La escritura paso a paso* (http://www.prenhall.com/laescritura) y sigue los enlaces de esta actividad para encontrar información relevante.

1. Las tablillas de arcilla de Mesopotamia
2. Los juglares de la Edad Media y del Renacimiento
3. La carta del descubrimiento de Colón
4. La invención de la imprenta
5. Benjamín Franklin
6. La prensa en nuestros días

EL ARTE DE ESCRIBIR UNA NOTICIA

Trucos del oficio

El novelista tiene muchas páginas para seducir al lector y captar su interés. El periodista no. Por eso, el buen periodista busca la forma más económica y eficaz de presentar la información, despertando inmediatamente el interés de su público. Aquí tienes algunos de los trucos del oficio.

- Empieza por lo fundamental sin perder tiempo en introducciones.
- Da prioridad a la acción sobre la descripción.
- Construye la noticia en torno a verbos y sustantivos.
- Utiliza sólo los adjetivos estrictamente necesarios.
- Escribe oraciones cortas y claras.
- Desarrolla contexto, marcos y detalles en la segunda parte de la noticia.
- Utiliza las técnicas del resumen.

1-6   **¿Cuál es mejor?** Estás seleccionando una noticia que van a publicar en el próximo número del periódico en el que trabajas como editor. ¿Cuál de las dos siguientes noticias escogerías y por qué? Explica por escrito los criterios que has seguido en tu selección de la noticia. Usa los **trucos del oficio** para ayudarte.

Noticia 1

Ya hacía tiempo que se hablaba de la posibilidad de que hubiera un terremoto en aquella zona de los Andes, con el consiguiente corrimiento de tierras. La posibilidad parecía remota pero los datos parecían indicar que en un futuro no muy lejano se podía producir el desastre. Y ahora resulta que hemos sido informados por nuestros contactos en la zona de que en los últimos días se hacen sentir temblores que indican sin lugar a dudas que el terremoto está a punto de ocurrir. Este servicio de información continuará haciendo lo imposible por mantenerles al día del desarrollo de los acontecimientos. Nuestro equipo de periodistas y geólogos les garantiza la exactitud de todas las noticias que iremos publicando.

Noticia 2

Un terremoto se avecina en una zona de los Andes. Todo indica que será de gran intensidad y desastrosas consecuencias. La población está atemorizada y acumula provisiones. Puede ser necesario evacuar toda la zona como sucedió en el último terremoto donde hubo centenares de heridos. Estamos en contacto con nuestro equipo de geólogos y les mantendremos informados.

Las preguntas

Eres periodista y escribes para un público que quiere información. Esa información tiene que responder a unas preguntas básicas:

¿Qué ha pasado? → El evento que vas a contar

¿Dónde?   → El marco espacial

¿Cuándo?   → El marco temporal

¿A/Con quién?   → Los personajes

¿Causa?   → Las razones/motivos

¿Efecto?   → El impacto del evento

1-7   **Cuenta lo que pasó.** El peor huracán de la temporada acaba de llegar a Florida. Escribe en tres o cuatro líneas el primer párrafo de una noticia relacionada con ese tema. Usa como guía las preguntas que acabamos de ver.

El público

Los periódicos tienen distintas secciones y cada sección tiene sus códigos y su público. No es lo mismo escribir una noticia para la sección de economía que para la sección policial. El **registro** del discurso de la narración cambia. Estas son algunas de las secciones del periódico con sus objetivos:

Primera plana → Capturar la atención del lector con lo más importante.

Cultura   → Informar sobre actividades culturales y artísticas de interés.

Economía   → Ofrecer datos y análisis sobre comercio, mercados, etc.

Ciencia   → Presentar hechos y descubrimientos de interés científico.

Sociedad   → Informar sobre eventos de interés social.

Policial   → Informar sobre crímenes y delitos cometidos.

Deportes   → Informar sobre jugadores, horarios, ligas, resultados y comentarios sobre partidos y jugadas.

1-8   Busca tu registro.

Primera fase. El gran volcán Popocatépetl, que domina los valles donde está la ciudad de México D.F., por un lado, y la ciudad de Puebla, por el otro, acaba de entrar en erupción. Escribe una noticia de cinco a siete líneas para una de las siguientes secciones de tu periódico

1. Primera plana

2. Economía

3. Ciencia

Segunda fase. Haz una evaluación de tu noticia de acuerdo con la siguiente tabla.

Criterio	Excelente	Bien	Mejorable
El punto de vista desde el que se enfoca la noticia es apropiado para la sección de _____.	3	2	1
La noticia cuenta los hechos fundamentales.	3	2	1
Las circunstancias, antecedentes y contexto son claros.	3	2	1
Los detalles están bien seleccionados.	3	2	1
El autor es objetivo.	3	2	1

GRAMÁTICA APLICADA

Estrategias para enriquecer el texto escrito y mejorar la fluidez

1. Las oraciones simples y compuestas

Nos expresamos y nos comunicamos en **oraciones**. Las oraciones pueden ser simples o compuestas según el número de elementos que tengan. Una oración simple se construye con dos elementos fundamentales: el **sujeto** y el **verbo**.

Ejemplo: Renata escribe.

Este ejemplo es una oración simple porque tiene un sujeto y un verbo y expresa una idea completa, aunque sin darnos ningún detalle. Pero las oraciones simples pueden incluir más información si añadimos detalles. Esos detalles que nos dan más información se llaman **predicados** y **complementos**.

Los **predicados nominales** amplían la información sobre el sujeto y siguen siempre al verbo **ser** o **estar**.

Ejemplos: Renata es periodista.
Irma está cansada.

Los **complementos**, que acompañan a verbos diferentes de ser y estar, amplían la información sobre

1. la manera como se hace algo

Irma lee. → Irma lee **con atención**.

2. el objeto de la acción

Irma lee. → Irma lee **una noticia**.

3. el marco espacial o temporal

Irma lee. → Irma lee **en la biblioteca**.

Irma lee. → Irma lee **por la mañana**.

4. las personas que se benefician o perjudican con la acción

Irma lee. → Irma lee **para su padre**.

Observa ahora la siguiente oración

Irma lee con atención una noticia a su padre en la biblioteca por la mañana.

Es una **oración simple**, aunque contiene información rica en detalles, pues tiene un solo sujeto (Irma) y un solo verbo (lee). Sin embargo, cuando ampliamos la información incluyendo otros verbos, ya no tenemos una oración simple sino una **oración compuesta**. Por ejemplo:

Irma **lee** una noticia y **presta** mucha atención cuando **va** con su padre a la biblioteca.

a. Las oraciones coordinadas

Las oraciones **compuestas** se forman de dos o más oraciones que están unidas entre sí. Cuando las dos oraciones son igual de importantes ya que cada una conserva su independencia gramatical, se suelen llamar **oraciones coordinadas**.

Las oraciones coordinadas se unen con una conjunción (por ejemplo, **y**), pero otras veces se unen sencillamente por una **coma** o un **punto y coma**.

Irma le lee la noticia a su padre **y** él la escucha encantado.

Todas las mañanas Irma canta en la ducha, va a la biblioteca y lee una noticia a su padre.

b. Las oraciones subordinadas

Por otra parte, cuando añadimos información mediante una oración que no conserva su independencia, sino que entra a formar parte de la oración inicial, entonces tenemos lo que se llama una **subordinación**.

Ejemplo: Irma, que va a la biblioteca todas las mañanas, le lee una noticia a su padre.

De los dos componentes de esta oración compuesta (1. «Irma le lee una noticia a su padre» y 2. «que va a la biblioteca todos los días»), el primero tiene sentido completo por sí mismo, mientras que el segundo sólo tiene sentido completo cuando está junto con el primero. Por eso decimos que en este tipo de oraciones hay una **oración principal** y una **oración subordinada**.

Las oraciones subordinadas cumplen una función gramatical dentro de la oración compuesta y por lo tanto pueden ser sustantivas, adjetivas o adverbiales según la función que desempeñen, es decir, pueden ser sustituidas por un sustantivo (o pronombre), por un adjetivo o por un adverbio.

Ejemplos:

1. Irma quiere **que vengas a verla**.

   (Oración principal, **subordinada sustantiva**)

2. Irma, **que está en la biblioteca con su padre**, lee un periódico **que compró ayer**.

   (Sujeto principal, **subordinada adjetiva**, oración principal, **subordinada adjetiva**)

3. Irma lee con alegría **porque han comenzado las vacaciones**.

   (Oración principal, **subordinada adverbial**)

1-9   **Las oraciones simples.** Amplía la información de las siguientes oraciones simples, agregando los detalles que se te piden.

MODELO: María canta. (Cómo, cuándo, para quién)

María canta dulcemente todas las noches para su hijo.

1. Juan trabaja. (Cómo, dónde)

_____

2. Ernesto se baña. (Cuándo, con quién)

_____

3. Elisa come. (Qué, cómo, dónde)

_____

4. Los niños jugaron. (A qué, dónde)

_____

5. María y Carmen hablaron mucho. (De quién, cuándo)

_____

1-10 **Las oraciones compuestas por coordinación.** Une las siguientes oraciones simples para formar oraciones compuestas coordinadas. Elimina o añade los elementos que sean necesarios.

MODELO: Pedro trabaja durante la semana. Pedro va al cine los fines de semana.
Pedro trabaja durante la semana y va al cine durante los fines de semana.

1. Lola es cantante. A Lola le gusta mucho cantar en público.

_____

2. José y Rodrigo son buenos amigos. José y Rodrigo se ven todos los domingos.

_____

3. Luisa tiene hambre. Luisa quiere ir a un restaurante.

_____

4. Carlos y Juana son mis hijos. Ellos son muy alegres.

_____

1-11 **Las oraciones compuestas por subordinación.** Señala si las siguientes oraciones subordinadas son sustantivas, adjetivas o adverbiales.

MODELO: *La niña **que canta en el coro** es mi hermana.*
Subordinada adjetiva

1. Te prohíbo **que llegues tarde**. _____

2. Los excursionistas **que fueron a pie** llegaron antes. _____

3. Le compraré un auto a mi hijo **cuando tenga dieciocho años**. _____

4. Haz los ejercicios **que más te gusten**. _____

5. Te digo esto **porque te quiero**. _____

6. No quiero **que me preguntes más**. _____

1-12 **Un texto más rico.** Vuelve a escribir el texto siguiente, añadiendo palabras u oraciones y recombinándolas cuando sea posible. Agrega más detalles (cómo, por qué, cuándo, dónde, a quién, con quién, para quién, etc.) según se pide.

Las migraciones masivas son un fenómeno importante del Siglo XXI (¿por qué?). Estas migraciones resultan de las grandes desigualdades (¿de qué tipo?). Esas desigualdades existen entre los países pobres del tercer mundo y los países desarrollados. Muchas razones (¿cómo son las razones?) impulsan a miles de personas a emigrar. Entre las razones están la pobreza y el hambre. Algunas veces, la gente no tiene comida ni trabajo en su propio país. La gente debe buscarlos en otro país. Pero en otros muchos casos los emigrantes huyen de situaciones sociales y políticas (¿cómo son esas situaciones?). Esos emigrantes buscan en otros países la justicia y libertad. Las leyes internacionales tendrán que responder a las nuevas realidades de esa emigración masiva. Las leyes tendrán que dictar nuevas normas (¿para qué?). Las nuevas normas deben proteger los derechos de los emigrantes (¿qué pasará si no lo hacen?).

2. Los verbos, la acción y la descripción

Cuando escribimos una noticia utilizamos cuatro componentes narrativos fundamentales: la acción, la descripción, los marcos espaciales y los marcos temporales.

a. La acción: el pretérito y el imperfecto

El verbo es la palabra que expresa la acción dentro de una narrativa. Es también la palabra que nos indica el tiempo, es decir, si la acción sucedió en el pasado, el presente o el futuro.

- Si la acción sucede en el presente el tiempo verbal suele ser el presente de indicativo.

   Ejemplo: Hoy presentan en la tele el programa sobre extraterrestres.

   ¡Ojo! recuerda que a veces el presente puede usarse también para expresar acciones en el futuro inmediato.

   Ejemplo: La próxima semana comienzan las vacaciones de Navidad.

- Si la acción sucede en el pasado se suelen usar dos tiempos diferentes: el pretérito y el imperfecto.

   El pretérito se usa para acciones que se iniciaron y completaron en el pasado.

   Ejemplo: La lluvia que trajo el huracán inundó la ciudad.

   El imperfecto se usa para acciones que crean el contexto para otra acción que sucedió en el pasado.

   Ejemplo: La gente huía de la ciudad cuando comenzó el diluvio.

   El imperfecto se usa también para acciones en el pasado que se repiten regularmente.

   Ejemplo: Cada septiembre la lluvia torrencial inundaba la ciudad.

b. La descripción: ser y estar

Este es el componente de la narración que nos cuenta cómo son los lugares, las cosas y las personas. **Ser** y **estar** son los verbos que con más frecuencia introducen las descripciones. El tiempo verbal más común para describir en el pasado es el imperfecto.

Ejemplo: El huracán era muy fuerte.

Las calles estaban inundadas.

Cuando la descripción es de una persona se llama **retrato**.

Ejemplo: Eva era la más valiente y decidida de su familia.

1-13   **Los tiempos del pasado.** Lee la siguiente noticia y vuélvela a escribir cambiando los tiempos y las expresiones temporales por otras en el pasado. Cambia las partes resaltadas del texto. Las palabras entre paréntesis te pueden ayudar.

Actualmente (Anteriormente) _____, el desierto de Atacama **es** _____ una zona que nadie **conoce** _____ muy bien. En realidad, muy pocos exploradores se **arriesgan** _____ a visitar sus rincones más alejados. Sin embargo, **este año** (en 1905) _____ la Universidad de Chile **está formando** _____ un equipo para investigar lo que realmente **pasa** _____ allí. Julio Roncallo, quien **en la actualidad es** _____ el Decano del departamento de ciencias naturales, **dice** _____ que **hay** _____ noticias de avistamientos de seres extraños y que estos fenómenos se **pueden** _____ explicar gracias a una teoría según la cual los dinosaurios no se extinguieron en todo el planeta. En efecto, algunos de los monstruos que muchos testigos **dicen** _____ haber visto **son** _____ como enormes aves que **vuelan** _____ a más de cien kilómetros por hora, y otros **son** _____ parecidos a gárgolas.

El **próximo** (pasado) _____ mes de julio, una expedición **saldrá** _____ de la ciudad de Arica con el propósito de llegar hasta las más remotas zonas del Atacama. Dicha expedición **recorrerá** _____ el desierto de norte a sur. Cada día los científicos **instalarán** _____ en distintos lugares una variedad de instrumentos para detectar cualquier señal de vida y **tomarán** _____ notas detalladas acerca del medio ambiente. Dos meses más tarde, se **instalarán** _____ en el campus de la universidad donde **recibirán** _____ las señales de sus instrumentos. «**Será** _____ un trabajo muy difícil, porque cada día **tendremos** _____ que recorrer más de 500 km de un terreno muy difícil», **dice** _____ Luisa Lafuente, quien **está** _____ encargada de las telecomunicaciones de la expedición.

c. Los marcos espaciales: preposiciones y adverbios

Los marcos espaciales son los elementos de la noticia que nos dicen dónde sucedió la acción. Suelen indicarse con preposiciones (**a, ante, bajo, con, contra, de, desde, en, entre, hasta, hacia, para, por, según, sin, sobre, tras**) o adverbios de lugar (**allí, delante, detrás, arriba, abajo, donde, dentro, fuera, cerca, lejos, junto a,** etc.).

Ejemplo: El árbol derribado estaba **allí, delante de** la casa, **cerca de** la estación.

d. Los marcos temporales: expresiones temporales

Los marcos temporales son los elementos de la noticia que, junto con el tiempo verbal, nos ayudan a situar la acción en el tiempo. Suelen indicarse con adverbios o expresiones temporales como **ahora, antes, después, luego, pronto, tarde, cuando, mientras, la mañana, la tarde, la noche,** o adjetivos como **próximo, siguiente,** etc.

Ejemplo: Las ventanas se rompieron **cuando** el árbol cayó sobre la casa.

1-14 **Ponle los marcos.** Completa la siguiente noticia escribiendo en los espacios en blanco los indicadores correctos de marcos espaciales (**ME**) y temporales (**MT**), según se indica. Utiliza las listas que tienes arriba.

LA VOZ DEL CARIBE

Festival de música popular en la Habana

(**MT**) _____ se celebrará en Puebla un gran festival de música popular. Este es el festival más importante que se celebra (**ME**) _____. Comenzará (**MT**) _____. (**MT**) _____ del almuerzo actuarán los grupos peruanos y ecuatorianos de música tradicional. Estas actuaciones serán (**ME**) _____ que está (**ME**) _____. (**MT**) _____ continuará la función (**ME**) _____ que está (**ME**) _____. Los grupos de música del Caribe actuarán (**MT**) _____ y el reparto de premios tendrá lugar (**MT** y **ME**) _____.

Estrategias para citar

1. El estilo directo e indirecto

Cuando una noticia quiere informar sobre lo que piensan o dicen las personas a las que se refiere puede hacerlo de dos modos diferentes: en estilo directo y en estilo indirecto. El **estilo directo** reproduce los pensamientos o las palabras exactas del hablante, o el diálogo entre dos o más personas.

Ejemplo: Ayer por la mañana, cuando llegó el crucero procedente de Londres al puerto de Barcelona, los turistas que viajaban en él dijeron, «¡Esta ciudad es una verdadera maravilla! Queremos prolongar la estancia aquí por lo menos un par de días.» Pero el capitán pensó, «No será posible cambiar el horario a estas alturas: tendremos que seguir con el plan inicial.»

Este modo de reproducir pensamientos y palabras es lo que llamamos **la cita**. Las citas se indican siempre con comillas.

El estilo indirecto, por otra parte, recoge las palabras del hablante o el diálogo introduciéndolas con un verbo de comunicación (por ejemplo, decir o contestar) o pensamiento (por ejemplo, pensar o dudar) y desde la voz y perspectiva del narrador.

Ejemplo: Ayer por la mañana, cuando llegó el crucero procedente de Londres al puerto de Barcelona, los turistas que viajaban en él dijeron que esta ciudad era una verdadera maravilla y que querían prolongar la estancia allí por lo menos un par de días. Pero el capitán pensó que no era posible cambiar el horario a aquellas alturas y que tendrían que seguir con el plan inicial.

Transformaciones. Para pasar del estilo directo al indirecto hay que hacer algunos cambios que debes recordar.

Fíjate en que los tiempos verbales cambian cuando pasas del estilo directo al indirecto. El presente de las citas se convierte en imperfecto y el futuro en condicional.

Ejemplos: Pensó: «Esta ciudad **es** una maravilla.» →

Pensó que esta ciudad **era** una maravilla.

Dijo: «No **será** posible cambiar el horario.» →

Dijo que no **sería** posible cambiar el horario.

Fíjate también en que las personas del verbo cambian para expresar la perspectiva del narrador.

Ejemplos: «Tendre**mos** que seguir con el plan inicial.» →

Pensaba que tend**rían** que seguir con el plan inicial.

Fíjate por fin en que las preguntas se convierten en oraciones con **si**.

Ejemplos: El capitán se preguntó: «¿Podemos quedarnos en Buenos Aires?» →

El capitán se preguntó **si** podrían quedarse en Buenos Aires.

1-15 **Cuéntalo con tus palabras.** Lee con atención la siguiente noticia y luego vuelve a escribirla utilizando el estilo indirecto. Acuérdate de cambiar los tiempos verbales, las personas y las preguntas de manera adecuada.

> ### EL FARO
>
> Crónica de sucesos.
>
> Al oír ruido en la puerta de su vecino, Carmen Riesco se preguntó «¿Habrá salido la vecina y estarán solos los niños alborotando en la casa?» Sin pensarlo mucho, se contestó «Tal vez es mejor ir a ver lo que está pasando». Salió al descansillo y llamó al timbre varias veces. Levantando la voz preguntó «¿Hay alguien?» Pero aunque siguió oyendo ruidos y voces, nadie contestó a su llamada. Decidió consultar con su hermana que vivía en el mismo inmueble. Le dijo «Renata, pasa algo raro en el piso de al lado y no sé qué hacer». Su hermana le sugirió «Llama al portero a ver qué piensa él». Pero Carmen no quería molestar al portero, así que se volvió a su casa. Y se llevó un buen disgusto cuando al día siguiente el portero le preguntó «¿Sabe usted lo que ha pasado en casa de sus vecinos?» Y sin esperar respuesta, le dijo «Entraron los ladrones y se llevaron todo lo que pudieron».

2. Las citas y las fuentes

Al hacer una investigación debemos distinguir entre dos tipos de fuentes. En primer lugar, hay lo que se conoce como «fuentes primarias» y, de otra parte, están las «fuentes secundarias». Las fuentes primarias son aquellos documentos que constituyen el tema sobre el cual trabajamos. Por ejemplo, si estamos estudiando los efectos de una ley, el texto de la ley es la fuente primaria. También lo serían los comentarios de los legisladores que participaron en las sesiones del congreso que aprobó dicha ley. De otra parte, otros comentarios de personas que no participaron en dicho proceso o interpretaciones posteriores de la ley constituyen fuentes secundarias. Si estamos estudiando una obra literaria, el texto de la obra es una fuente primaria, mientras que los estudios y análisis de críticos posteriores serían fuentes secundarias. Cuando hablamos de noticias, las fuentes primarias serían las declaraciones de personas que participaron en los eventos que forman dicha noticia.

Esta distinción de las fuentes no significa que unas sean más «verdaderas» que las «otras», o que unas tengan más valor que las otras. De todas maneras, es esencial que nuestros escritos den crédito a todas nuestras fuentes, tanto primarias como secundarias.

1-16 Ética académica.

Primera fase. Busca en la página Web de tu universidad las normas sobre honestidad académica, plagio y copia, y prepárate para contestar las siguientes preguntas.

a. ¿Cómo se define la deshonestidad académica en tu universidad?

b. ¿Cuáles son los castigos para quienes son culpables de ofensas contra la honestidad académica?

Segunda fase. Visita la página electrónica de *La escritura paso a paso* (http://www.prenhall.com/laescritura) y sigue los enlaces para esta actividad. Lee la página Web sobre honestidad académica de otra universidad y compara su política con la de tu propia universidad.

CAPÍTULO
2
La carta

La carta mensajera

En la antigüedad las cartas eran cosa de reyes, políticos y dirigentes. Eran fundamentalmente un **medio de comunicación** de órdenes, acuerdos y propuestas. Los términos de un matrimonio o las condiciones de una tregua (*truce*) o de una paz negociada se consignaban en una carta. El autor de la carta la **sellaba** marcando en **cera** (*wax*) la impronta (*imprint*) de su **sello** personal. Muchos de esos sellos se conservan en las colecciones de arte del antiguo Egipto, o en las de Micenas, Grecia y Roma. En China, los sellos personales —grabados en jade —se utilizan para firmar documentos y cartas hasta hoy.

No había servicio de **correos** propiamente dicho, pero sí **redes de mensajeros** que llevaban y traían las cartas de reino a reino, de gobernante a gobernante. Hacia el año 4000 A.C., China había logrado crear un servicio oficial de mensajeros. Egipto contaba con un servicio de mensajeros portadores de cartas escritas en jeroglíficos hacia el año 2500 A.C. En Roma fue el emperador Augusto (63 A.C.–14 D.C.) quien estableció una red de correos que llegaba hasta las provincias más remotas del imperio. En la América prehispánica los Incas crearon un elaborado sistema de correos por todo su imperio. Cada mensajero cubría la distancia de cuatro leguas (*leagues*) que separaba su puesto del siguiente, donde le entregaba el mensaje a su **relevo**. De esos mensajeros dice el Inca Garcilaso: «Llamáronlos **chasqui** que quiere decir **trocar** (*exchange*), o dar y tomar, que es lo mismo, porque trocaban, daban y tomaban de uno en otro los **recados** que llevaban… Otros recados llevaban, no de palabra sino por escrito… aunque hemos dicho que no tuvieron letras sino nudos (*knots*) dados en diferentes hilos (*threads*) de diversos colores, que iban puestos por su orden... A estos hilos anudados llamaban **quipu**...»[1]

Durante la Edad Media y el Renacimiento los viajeros y comerciantes recogían y comunicaban el resultado de sus exploraciones en cartas. Hasta había **cartas apócrifas**, como la famosa ***Carta del Preste Juan*** (1165) que encendió la imaginación de Marco Polo y de tantos otros exploradores medievales. Los elementos de la descripción imaginaria de las riquezas y maravillas del Oriente que detallaba esa carta llegarían hasta el propio Colón. Y Colón —que esperaba encontrar esas maravillas en su viaje de descubrimiento— les contó en sus cartas a los reyes Isabel y Fernando[2] cómo había llegado por fin al lugar donde se encontraban: las Indias. Estaba bien equivocado —se encontraba en América y nunca llegaría a la India. Pero su *Carta a Santángel* —o «Carta del descubrimiento»— se convirtió en uno de los textos más leídos de toda su época.

Los **materiales** con que se escribían las cartas cambiaron según el lugar y la época. Los egipcios escribían en **papiros**. Los romanos en **tabletas de arcilla** —como los antiguos mesopotámicos— o en papiro. En China utilizaban **papel de arroz**. En la Edad Media prefirieron el **pergamino** (*parchment*). Los Incas, usaron hilos de colores anudados de acuerdo con ciertos códigos. Y a partir del Siglo XVIII el material más común fue el **papel** de pasta de **celulosa**, como el que utilizamos hoy.

También los **medios de transporte** de cartas fueron variando. El más antiguo fue el mensajero —libre o esclavo— que llevaba la carta corriendo hasta otro mensajero que lo relevaba y la llevaba corriendo hasta el relevo siguiente. Así lo hicieron en algunos de los más famosos imperios desde China hasta el Perú. Pero otras veces, como en el Pony Express del Oeste americano, los mensajeros viajaban con un sistema de **relevos de caballos**. Hoy las cartas viajan en tren, barco, avión, fax y... por el Internet.

2-1 **¿Qué significa?** Escoge el significado de las siguientes palabras que mejor corresponde al contexto de la lectura anterior.

1. Sello
  a. Un pequeño pedazo de papel engomado que se adhiere a las cartas para enviarlas.
  b. Una compañía de discos.

2. Recado
  a. Encargo, encomienda, tarea.
  b. Mensaje o respuesta oral que se da o se envía a alguien.

3. Mensajero
  a. Ácido ribonucleico que transporta información genética.
  b. Persona que lleva un mensaje, recado, despacho o noticia a alguien.

4. Papiro
  a. Planta originaria de Oriente, con hojas largas y estrechas.
  b. Lámina sacada del tallo de esta planta y que empleaban los antiguos para escribir en ella.

---

[1] El Inca Garcilaso, *Comentarios Reales,* Libro VI Capítulo VII.

[2] Isabel I era reina de Castilla y Fernando V rey de Aragón. Juntos reinaban sobre toda España en el momento del descubrimiento de América por Cristóbal Colón. Pero fue Isabel quien en 1492 apoyó a Colón y financió la empresa desde el principio.

5. Pergamino
   a. Piel de la res, limpia del vellón o del pelo, limpiada y estirada, que sirve para escribir en ella, para forrar libros o para otros usos.
   b. Antecedentes nobiliarios de una familia o de una persona.

6. Relevo
   a. Soldado o contingente militar que reemplaza a otro en la guerra.
   b. Acción y efecto de reemplazar a una persona con otra en cualquier empleo, cargo, actividad, etc.

7. Red
   a. Conjunto de elementos organizados para un propósito específico.
   b. Aparejo hecho con hilos, cuerdas o alambres en forma de mallas, y que se usa para pescar, cazar, etc.

2-2 **Expande tu vocabulario.** Traduce al español las siguientes oraciones utilizando las palabras de la actividad anterior en sus diferentes significados.

1. I am going to town because I have some errands to do.

_____

2. Madonna signed a contract with a new label.

_____

3. This old book is made of parchment.

_____

4. If she doesn't answer, leave her a message.

_____

5. This net is excellent for catching butterflies.

_____

6. The dean (*decano*) will put the university seal on this letter.

_____

7. The soldiers are looking forward to their replacement.

_____

8. This company has one of the largest networks in the world.

_____

9. She is always bragging (*presumir*) about her ancestry.

_____

2-3 **La carta mensajera.** Repasa con cuidado el texto de **La carta mensajera** y haz una lista de

1. tres tipos de personajes que escribían cartas en la antigüedad

_____

_____

_____

2. cuatro países que lograron organizar sistemas de correo hace más de 500 años

_____

_____

_____

_____

3. cinco materiales usados para escribir cartas

_____

_____

_____

_____

_____

La carta literaria

Ya en la época de Cicerón (106–43 A.C.) se leían con pasión las cartas de personajes famosos como él, igual que en nuestra época leemos con interés la **correspondencia** privada de Virginia Woolf, Kafka o Van Gogh. Pero a partir del Siglo XVIII la carta evolucionó hasta llegar a convertirse en un género literario importante: el **género epistolar**. Una de las **novelas eróticas** más importantes de todos los tiempos *Les liaisons dangereuses* (*Dangerous Liaisons*) de Choderlos de Laclos (1782) se escribió en forma de colección de cartas. Y lo mismo sucedió con las *Cartas marruecas* (1789) de José Cadalso, una obra literaria de ficción de crítica política y social. Más recientemente, el mexicano Carlos Fuentes escribió una novela epistolar, *La silla del águila* (2003), con una trama en la que se mezclan amor, traición e intriga política.

Presente y futuro de la carta

Hay quién dice que la carta está desapareciendo; que ya nadie escribe ni contesta cartas personales; que la escritura de cartas se ha reducido a las **cartas de solicitud de** trabajo o de **trámite comercial**. Es cierto que desde el Siglo XIX la carta compite con otros medios de comunicación a distancia que tienen una tremenda ventaja sobre ella: la rapidez.

Todo comenzó con la invención del **telégrafo** y del **teléfono** que permitieron, por primera vez en la historia, la comunicación **a distancia** casi instantánea. Hoy el **teléfono móvil** nos permite comunicarnos oralmente a distancia casi desde cualquier lugar en el que nos encontremos. Y el Internet pone a nuestro alcance la posibilidad de enviar por **correo electrónico** cualquier tipo de cartas, y garantiza su llegada inmediata.

De todos los competidores que ha tenido a lo largo de su historia la antigua costumbre de escribir cartas, el más temible es probablemente el correo electrónico o *email*. En español se le llama afectuosamente «emilio» y en inglés se subraya su superioridad sobre el correo tradicional aplicándole el término «*snail-mail*» a este último. Algunos comentaristas piensan que el arte de escribir cartas es una actividad que va a desaparecer.

Sin embargo, otros escritores no están de acuerdo con esta visión apocalíptica. Estos piensan que el Internet ha conseguido que las cartas dejaran de ser algo casi sagrado y que no sólo no contribuye a la desaparición de la carta sino que el correo electrónico ha revitalizado y renovado las relaciones epistolares.

Más que de una desaparición de la carta, tal vez deberíamos hablar de una transformación de sus códigos en el contexto de la comunicación por Internet. Estas son algunas de las más importantes características del código de la nueva correspondencia electrónica:

- Economía como criterio estilístico fundamental
- Eliminación de fórmulas y elementos retóricos no funcionales
- Simplificación general: frases cortas, párrafos cortos, lenguaje económico, extensión breve
- Eliminación de mayúsculas y a veces de algunos signos de puntuación
- Utilización de registros del lenguaje hablado

www **2-4** **¿Qué sabes de la carta?** Vuelve a leer **La carta mensajera** y **La carta literaria** con atención y elige uno de los siguientes temas para investigar en más profundidad. Escribe una página sobre el tema y preséntalo a la clase. Encontrarás enlaces útiles en la página del libro en http://www.prenhall.com/laescriturapasoapaso.

1. El contenido de las cartas mensajeras de épocas pasadas
2. Los escritores de cartas en la Edad Media y el Renacimiento
3. Los medios de transporte que se han utilizado desde la antigüedad para enviar cartas
4. Los inicios del género literario epistolar
5. Los temas de la literatura epistolar
6. Otros medios epistolares de hoy en día

EL ARTE DE ESCRIBIR UNA CARTA

En 1549 Gaspar de Texeda publicó un libro con el título *Cosa nueva: primer libro de cartas mensajeras.* Era un manual para escribir cartas correctamente. Daba reglas de composición y contenía un repertorio de fórmulas convencionales para codificar la comunicación por carta. Muchas de las categorías que manejaba siguen siendo útiles.

El tratamiento

El tratamiento es el uso de los códigos apropiados para expresar la relación jerárquica entre la persona que escribe la carta y la que la recibe. El indicador más claro de tratamiento es la elección de la forma pronominal.

Tu/vosotros: Implica familiaridad e igualdad entre el que escribe la carta y el que la recibe. Sin embargo, hay que recordar que en América Latina, la forma «vosotros» no se usa normalmente y que en su lugar se usa «ustedes» para la segunda persona del plural. Además, en algunos países existe la forma coloquial «vos», equivalente a «tú», que tiene sus terminaciones verbales particulares:

Verbos en **-ar**	Tú cantas, vos cantás
Verbos en **-er**	Tú lees, vos leés
Verbos en **-ir**	Tú recibes, vos recibís

Usted/ustedes: Son los términos formales que empleamos para escribir a personas que son jerárquicamente superiores a nosotros o a las que queremos mostrar explícitamente respeto, deferencia o falta de familiaridad. En América Latina «ustedes» se usa indistintamente como pronombre formal y como pronombre informal.

La forma pronominal es uno de los indicadores de tratamiento. Pero no es el único. Otro marcador importante del tratamiento formal es el uso de títulos, tales como Doctor/a (Dr., Dra.), Licenciado/a (Lic.), Señor/a (Sr., Sra.), Señorita (Srta.), Don (Dn.), Doña (Da.), Señor Don o Señora Doña (Sr. Dn., Sra. Da.), etc.

El formato

A pesar de la gran variación que existe entre cartas según su destinatario y su propósito, la carta como género de comunicación suele presentar una estructura bien definida.

- Fecha, título, nombre y dirección del destinatario (formales/comerciales/profesionales)
- Encabezamiento y saludo
- Párrafo introductorio
- Cuerpo del mensaje/narración
- Cierre y despedida
- Firma

Dada la gran variedad de tipos de cartas que existen, podemos establecer dos grupos principales: las formales y las informales. Y aunque dentro de cada grupo también hay mucha variedad, se puede hablar de formatos comunes:

Cartas formales	Cartas informales
Llevan el nombre y la dirección completos de la persona o la compañía a la que nos dirigimos arriba a la izquierda.	No llevan la dirección del destinatario antes del saludo.
Usan un repertorio limitado de formas para el encabezamiento: Muy señores míos: Estimado/a Señor/a + apellido: Señor/a D. + Nombre y apellido: Para su información: A quien proceda:	Comienzan con un encabezamiento informal. El número de fórmulas informales es en realidad muy limitado: (Mi) Querido/a + nombre: (Mi) Querido/a + relación familiar: Queridísimo/a + nombre: Apreciado/a + nombre:*
Usan fórmulas para el cierre y la despedida: Sin más por el momento, le saluda atentamente... En espera de sus noticias, le saluda atentamente... Agradeciéndole de antemano su interés, le saluda... Reciba un saludo de... Un saludo de... Un cordial saludo de... Reciba un saludo muy cordial...	Las fórmulas de cierre y despedida para las cartas informales son: Un afectuoso saludo, Afectuosamente, Un abrazo, Con cariño, Cariñosamente, Abrazos, Besos,
Suelen firmarse con el nombre y apellido del que las escribe	Se firman sólo con el nombre sin el apellido

* Conviene notar que mientras en inglés se usa una coma (,) después del saludo, en español se prefiere usar dos puntos (:), aunque en la actualidad se comienza a usar también la coma.

2-5 **Reconstruye la carta.** En la siguiente carta hay varios problemas. Primero, numera de 1 a 8 cada uno de los fragmentos según el orden que le corresponda. Después corrige el registro para que la carta sea formal de manera consistente.

Fragmento 1–8	
	Atentamente, Pedro Gómez
	Tegucigalpa, 23 de enero de 2007
	Señor Juan Sepúlveda Jefe de Personal Aseguradora La Confianza Apartado de Correos 2872 Tegucigalpa
	En espera de tu amable respuesta, me despido de ti,
	Te escribo en respuesta al anuncio publicado en el periódico *El Faro* de ayer en el que tu empresa ofrece un puesto de vendedor de seguros. Puesto que llevo más de diez años trabajando en este ramo, quisiera ser considerado como candidato al puesto.
	Por el Curriculum Vitae que te adjunto, podrás darte cuenta de que tengo una experiencia muy amplia en el área de seguros, y que he trabajado en varios de los más importantes departamentos de la empresa para la que trabajo desde hace más de diez años, tales como accidentes, incendios, o automóviles. Te ruego notar que en varias oportunidades he recibido distinciones, tales como Mejor Vendedor de la Zona Norte, Mejor Vendedor Nacional y Vendedor del Seguro Más Grande, lo que demuestra que estoy capacitado para manejar grandes cuentas, tal como se solicita en el anuncio.
	Te ruego ponerte en contacto conmigo en la dirección que se incluye en mi CV en caso de que consideres apropiado tener una entrevista personal.
	Querido Juan,

2-6 **¡Qué mala suerte!** Al llegar al aeropuerto de Santiago de Chile para pasar un año de estudios te roban tus maletas y el bolso con tu dinero y documentos. Escribe una carta a cada una de estas dos personas contándoles todo.

Tu mejor amigo/a

El jefe de la policía local

GRAMÁTICA APLICADA

Estrategias para escribir un anuncio

Las construcciones impersonales con «se»

Nos comunicamos por escrito con gente muy diversa, y recibimos comunicaciones escritas de todo tipo de personas. Normalmente sabemos a quién escribimos y quién nos escribe; los mensajes tienen un sujeto que podemos identificar sin dificultad. Pero cuando leemos un anuncio la cosa cambia. Con frecuencia los anuncios no tienen un sujeto definido. Nos explican lo que las personas venden o lo que buscan, lo que ofrecen o lo que necesitan, pero no siempre nos dicen quién nos está comunicando esa información. En ese caso, decimos que están en forma impersonal.

Al principio del capítulo 2 de *La escritura paso a paso* viste el siguiente anuncio. Vuelve a leerlo ahora.

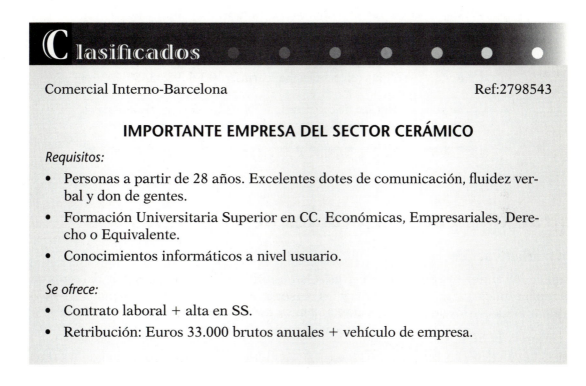

Clasificados

Comercial Interno-Barcelona   Ref:2798543

IMPORTANTE EMPRESA DEL SECTOR CERÁMICO

Requisitos:

- Personas a partir de 28 años. Excelentes dotes de comunicación, fluidez verbal y don de gentes.
- Formación Universitaria Superior en CC. Económicas, Empresariales, Derecho o Equivalente.
- Conocimientos informáticos a nivel usuario.

Se ofrece:

- Contrato laboral + alta en SS.
- Retribución: Euros 33.000 brutos anuales + vehículo de empresa.

Sabemos **dónde** se origina el mensaje (en una empresa del sector cerámico); sabemos cuál es el **objeto** del mensaje (encontrar a la persona adecuada para trabajar en la empresa). Pero nada en el anuncio nos indica quién lo escribe, es decir su **sujeto**. En la segunda parte del anuncio ¿quién es el sujeto del verbo *ofrecer*? No lo sabemos. Sabemos que **alguien** *ofrece* lo que sigue en la lista. La palabra **se** indica ese alguien pero no lo define. En cambio, observa la diferencia entre esta construcción y la siguiente construcción personal.

Vendo apartamento Montevideo. Acepto pago a crédito.

En este caso, el sujeto está claramente especificado: Yo.

A continuación tienes una lista de encabezamientos impersonales de anuncios que encontrarás con frecuencia en los periódicos y que puedes utilizar en tus propios anuncios.

Se busca   se prefiere   se vende   se compra   se alquila   se ofrece   se enseña   se repara
se habla   se anuncia   se solicita   se requiere   se garantiza   se necesita   se ruega

Recuerda que estas expresiones impersonales se pueden utilizar en singular o plural.

Ejemplos: Se busca profesor de lenguas

Se venden libros usados

Se requiere conocimiento del inglés

Se requieren lenguas extranjeras

2-7 **Transfórmalos.** Estudia los siguientes anuncios. Cuando encuentres expresiones personales, cámbialas por otras que sean impersonales, y viceversa.

> **Vendo coche**, 30.000 km., llantas nuevas, magnífico equipo de música. Exijo pago contado.   Tel. 345 9087.
>
> **Se alquila** apartamento 60 metros excelente localización. Requiero sólidas referencias bancarias.   Tel. 987 3450
>
> **Se vende** máquina de coser usada. Excelente estado. Se incluye un lote de telas. Puedo negociar el precio.   Tel. 567 1243

Estrategias para mejorar las descripciones

1. La adjetivación

Tanto en los anuncios como en las cartas solemos utilizar descripciones. Las palabras que nos ayudan a explicar cómo son las cosas y las personas en las descripciones son los adjetivos. Para dominar el uso de los adjetivos, presta atención a los siguientes puntos.

El género y el número. En español, al contrario de lo que sucede en inglés, la mayoría de los adjetivos tienen género y número. Pueden ser masculino (m) o femenino (f), singular (s) o plural (p). El género se indica en la terminación del adjetivo.

guapo (m)/ guapa (f)/ guapos (mp)/ guapas (fp)

Cuando el adjetivo termina en **-e** o **consonante**, el género sólo se sabe por el contexto o por el sustantivo al que acompaña. Para el plural se añade una **-s** o **-es**.

leve/ leves   difícil/difíciles

Cuando el adjetivo masculino termina en **-dor** o **-ón**, para formar el femenino se añade **-a** y para el plural **-es** o **-as**.

habla**dor**/hablado**ra**/hablado**res**/hablado**ras**

como**dón**/comodon**a**/comodon**es**/comodon**as**

La concordancia. El adjetivo concuerda siempre en género y número con el sustantivo al que modifica.

Chica guapa/chico guapo	Chicas guapas/chicos guapos
Herida leve/susto leve	Problemas difíciles
Loro hablador/niña habladora	Loros habladores/niñas habladoras

Recuerda que el participio de los verbos funciona también como adjetivo.

Ejemplos: el juguete roto (participio de romper); la calle mojada (participio de mojar)

La posición. Al contrario de lo que sucede en inglés, en español el adjetivo se coloca normalmente detrás del nombre.

Se busca casa grande, rural y barata.

Se venden libros usados y raros.

¡Cuidado! Los adjetivos **algún, ningún, ninguna, cuanto, mucho, poco, bastante, suficiente**, se colocan delante del nombre.

Me queda todavía **algún** dinero.

No se requiere **ninguna** experiencia para este puesto.

Pídeles la entrada a **cuantas** personas quieran ver el espectáculo.

Hay **bastantes** sillas para todos.

En el lenguaje poético el adjetivo se puede colocar delante

La mano blanca → La blanca mano

Recuerda que los adjetivos bueno, malo y grande se transforman cuando se colocan delante del nombre.

Bueno → buen	Un buen libro
Malo → mal	Un mal amigo
Grande → gran	Una gran tontería

2. Las comparaciones

Hay tres tipos de comparaciones: de inferioridad, de igualdad y de superioridad. La comparación de inferioridad se expresa con:

menos + adjetivo + **que**

Mi casa es **menos** grande **que** la tuya.

Las de igualdad se expresan con:

tan + adjetivo + **como**

Su perro es **tan** fiero **como** un león.

Las de superioridad se expresan con:

más + adjetivo + **que**

El parque era **más** fresco **que** la plaza.

Recuerda que la comparación de superioridad del adjetivo bueno es **mejor** y la del adjetivo malo es **peor**.

Ejemplos: La película era **mejor** que el libro.

El libro era **peor** que la película.

3. Los verbos ser, estar y tener

Estos tres verbos son los más útiles para escribir descripciones y retratos, tanto en los anuncios como en las cartas. En términos generales el verbo **ser** se utiliza para definir a personas, animales, cosas, conceptos e ideas. Es el que nos dice qué y cómo son las personas y las cosas:

Juan es abogado; Luis es alto; mi casa es nueva.

Ejemplos del uso de **ser** en un anuncio:

Agencia de Publicidad

Se busca modelo:

que sea alta

que sea morena

que sea delgada

que sea menor de 25 años

El verbo **estar** se usa para expresar estados o situación en el espacio. Es decir, nos dice en qué estado están las cosas, los lugares o las personas y dónde se encuentran:

María está cansada; el restaurante está en la playa.

Ejemplos de **estar** en un anuncio:

Agencia inmobiliaria

Busco casa de veraneo:

que esté en buenas condiciones

que esté cerca de un centro deportivo

que esté en la costa

que esté cerca de una playa

que esté dentro de una urbanización

El verbo **tener** se utiliza también para definir o explicar cualidades y requisitos o para resaltar sus características:

Pedro tiene ojos negros, nariz grande y pelo gris.

Ejemplos de **tener** en un anuncio:

Empresa de construcción busca carpintero:

que tenga sus propias herramientas

que tenga un título profesional

que tenga deseos de ascender en la empresa

Fíjate en los ejemplos anteriores y verás que el tiempo verbal más común en los anuncios que buscan algo es el **presente de subjuntivo**. Mientras que el tiempo de los anuncios de oferta suele ser el **indicativo**.

- Usos de **ser con sustantivos**:

  Para expresar:

designación	Es el objetivo
posesión	Es del Banco de Mallorca
origen	Es de Barcelona
materia	Es de algodón

Ejemplo:

Querida mamá,

El **propósito de esta carta es contarte algo** magnífico que me ha ocurrido. La empresa me ha dado un coche para mi uso personal. Aunque **el coche es de la compañía**, yo puedo usarlo también para mis cosas. Se trata de un vehículo muy bueno, **y como es de Suecia**, está equipado para la nieve y el mal tiempo que hace aquí. **Los asientos son de cuero** de verdad y estoy feliz, pues ya sabes que odio el plástico.

- Usos de **ser con adjetivos**

  Para expresar cualidades permanentes:

físicas	Es musculoso
de carácter	Es dinámica

  Para indicar la profesión:

arquitecta	Es arquitecta
torero	Es torero

- Usos de **estar**

  Para situar objetos y personas en el espacio:

  La fábrica *El calcetín* está en Barcelona

  Para expresar situaciones administrativas:

  El carpintero está asegurado

2-8 **Completa la carta.** Completa la siguiente carta, incluyendo la información que falta.

Querido hermano,

Anoche llegué a Cartagena. Es una ciudad preciosa que
está [_____]. Tiene [_____] y es [_____]. Nada más llegar, fui
a comer al restaurante Capilla del Mar. Este restaurante
es [_____]. Está [_____] y tiene [_____]. Afortunadamente,
era [_____]. Mi jefe había invitado también a Silvestre
Patiño, que es [_____]. Silvestre tiene [_____]. Como ves,
me estoy divirtiendo y ya tengo amigos.

Un abrazo,
Sergio

_____

_____

_____

_____

2-9 **¡Cuéntanos cómo fue!** Amplía las descripciones de personas, lugares y objetos que aparecen en la siguiente tarjeta postal hasta convertirla en una carta de unos dos o tres párrafos. Añade adjetivos, comparaciones y expresiones con los verbos **ser, estar** y **tener**.

Querido Mario,

Estoy encantada con mi nuevo trabajo. Tengo varios
empleados. Uno se llama Pedro López y otra María Cordón.
Mi despacho está en una oficina de la ciudad de Buenos
Aires. Me dedico a exportar muebles.

Un saludo,
Rosa María

_____

_____

_____

_____

2-10 **¡Ahora tú!** Imagínate que ahora eres tú quien viaja a Nueva York u otra ciudad que conozcas, y que desde allí escribes a tu mejor amigo/a una carta de tres párrafos contándole tu viaje y tu estancia. Haz una descripción rica de al menos un lugar y una persona. No te olvides de fechar tu carta y de usar el encabezamiento y cierre apropiados para ella. Pon especial atención al uso de los verbos **ser, estar** y **tener**, y a la **adjetivación** y su **concordancia**.

CAPÍTULO

3

El diario y la autobiografía

El diario íntimo

La escritura personal puede expresarse a través de las cartas, como veíamos en el capítulo 2, pero hay dos géneros que sirven especialmente de soporte para esta modalidad de la escritura: el **diario íntimo** y la **autobiografía**.

El origen de los diarios está probablemente en los **libros de cuentas** o de familia, donde se anotaban cuestiones relacionadas con la economía familiar, datos, fechas para recordar, etc. La confluencia de las palabras **diario** y **dietario** indica que en un principio eran la misma cosa. Sin embargo, el dietario se refiere a esos libros que tradicionalmente llevan las cuentas de las empresas familiares, mientras que el diario, tal y como lo entendemos hoy en día, es el vehículo a través del cual los individuos escriben sobre sus experiencias cotidianas. La palabra diario va muy a menudo acompañada del adjetivo «íntimo» porque se trata de un género que uno escribe para sí mismo, por lo general sin la pretensión de que se publique ni de que sea leído por otros. Por lo tanto, el propósito del diario no suele ser la comunicación, aunque sí tal vez la **indagación personal** y el deseo de **preservar la memoria**.

El diario suele reflejar el **fluir del tiempo**. Tiene fecha y una **asiduidad** (*continuity*) de entradas que permite su lectura desde una perspectiva temporal. Pero el lector del diario suele ser uno mismo, aunque algunos diarios, como el de Ana Frank, fueron publicados y alcanzaron un éxito notable. El diario suele reflejar los grandes y pequeños acontecimientos de una vida, aunque los hay más anecdóticos que otros. En realidad, al ser un género tan personal hay tantos tipos de diarios como personas que los escriben. Sin embargo, podemos decir que, en términos generales, el diario se caracteriza por la **presencia del yo**, es decir de la primera persona, que suele ser al mismo tiempo narradora, protagonista y lectora de los acontecimientos que se relatan.

La práctica de la escritura diarista está muy extendida inclusive en nuestros días, a pesar de la influencia de los medios audiovisuales, que han disminuido considerablemente la tendencia a expresarse por escrito. No es, por tanto, una exageración decir que el diario íntimo es un género vivo y libre.

El diario literario

El diario íntimo suele escribirse sin pretensiones literarias, sin embargo, en nuestra literatura hay muchos ejemplos de escritores que han optado por el diario como forma de expresión, aunque no siempre cumplen los dos requisitos imprescindibles que suele tener un diario, es decir, la fecha de las entradas y la presencia del yo. Por ejemplo, el *Diario íntimo*, del escritor español Miguel de Unamuno, recoge una serie de reflexiones no fechadas sobre la fe en Dios y la muerte, dos de los temas recurrentes de este escritor. Por otro lado, el poeta Juan Ramón Jiménez publicó en 1916 su *Diario de un poeta recién casado*, que, a pesar de tener fecha, es una colección de poemas y no refleja las experiencias vividas sino solamente los sentimientos que se derivan de ellas. Posteriormente, otros escritores han escrito novelas en forma de diario para contar la historia de personajes inventados por ellos desde la perspectiva del yo. Este es el caso de Miguel Delibes con *Diario de un cazador* y *Diario de un emigrante*.

La autobiografía

La autobiografía, como el diario, es un tipo de escritura personal que permite indagar en la personalidad y en la historia de uno mismo. La autobiografía es un género que ha sido estudiado ampliamente en los últimos años, y de esos estudios se deduce que en la autobiografía el autor hace un compromiso de **autenticidad** y de **sinceridad** consigo mismo y, por extensión, con cualquier lector potencial.

Encontramos ejemplos de relatos autobiográficos ya en los papiros del Antiguo Egipto. Más tarde, algunos escritores **clásicos**, como Séneca, utilizaron este medio con un propósito que superaba el ámbito de lo íntimo, es decir, escribían para ser leídos y para explicar con ejemplos de su vida sus ideas sobre el mundo. En siglos posteriores algunos escritores religiosos, los **místicos**, utilizaron también la autobiografía para tratar de explicar las reacciones de su **alma** ante las revelaciones de Dios. Un ejemplo muy importante en la literatura española es el libro de Teresa de Jesús, llamado *Vida*. A partir del Siglo XIX el género autobiográfico se popularizó y hoy en día se publican muchas autobiografías.

3-1 **¿Qué significa?** De cada una de las siguientes listas de palabras elimina la que no es un sinónimo, según el contexto de la lectura anterior. Tal vez necesites un diccionario de español.

1. cuentas   cálculos   recuentos   balances   perlas

---

2. dietario   agenda   diario   régimen   memorando

3.	indagación	inquisición	investigación	búsqueda	pesquisa
4.	memoria	reminiscencia	recuerdo	tesis	evocación
5.	fluir	devenir	pasar	transcurrir	brotar
6.	asiduidad	frecuencia	monotonía	reiteración	continuidad
7.	autenticidad	veracidad	acreditación	realidad	sinceridad
8.	sinceridad	franqueza	honradez	inocencia	honestidad

WWW 3-2 Busca la información. Busca una definición para las palabras «clásicos» y «místicos». Ahora escribe un breve párrafo sobre cada una de estas dos palabras explicando lo siguiente.

1. El origen o etimología de la palabra
2. Una explicación de lo que significaba la palabra antiguamente
3. Una explicación de lo que significa la palabra ahora
4. Un ejemplo detallado de alguna persona a la que se le aplique la palabra

3-3 ¿Escritor/a de diarios? Teniendo en cuenta el texto y lo que tú ya sabes sobre el tema, contesta por escrito las siguientes preguntas.

1. ¿Qué obras literarias conoces en forma de diarios? ¿Las has leído? ¿Cuál de ellas te gustó especialmente? ¿Por qué?

   _____

   _____

2. ¿Escribes tú un diario íntimo? ¿Lo has escrito alguna vez? ¿En qué circunstancias?

   _____

   _____

3. ¿Has leído la autobiografía de algún personaje importante? ¿Cuál? ¿Recuerdas algunas anécdotas? ¿Cuáles?

   _____

   _____

El autorretrato

En el capítulo 2 exploramos la descripción de uno mismo por motivos profesionales, es decir, en las cartas de presentación. Pero escribir un autorretrato puede tener otros fines, entre ellos el puramente literario. El siguiente texto es del autor del Quijote, Miguel de Cervantes.

> Este que ves aquí, de rostro aguileño (*aquiline*), de cabello castaño, frente lisa y desembarazada (*wide*), de alegres ojos y nariz corva, aunque bien proporcionada, las barbas de plata, que no ha (hace) veinte años fueron de oro, los bigotes grandes, la boca pequeña, los dientes ni menudos ni

crecidos porque no tiene sino seis, y esos mal acondicionados y peor puestos, porque no tienen correspondencia los unos con los otros; el cuerpo entre dos extremos, ni grande ni pequeño, la color viva, antes blanca que morena, algo cargado de espaldas y no muy ligero de pies; este digo que es el rostro del autor de *La Galatea* y de *Don Quijote de la Mancha*.

Como ves, esta autodescripción sólo se enfoca en los rasgos físicos. Pero hay otros datos que podemos incluir en el autorretrato ya que éste puede ser en cierto modo una breve nota biográfica. La siguiente lista de temas no pretende ser exhaustiva sino una simple guía para escribir sobre uno mismo.

La infancia   La vestimenta

La familia   Los rasgos de la personalidad

El lugar donde uno ha vivido/vive   Los gustos

Las características físicas   Las aficiones

3-4 **Tu autorretrato.** Teniendo en cuenta la lista de temas citados escribe un autorretrato de al menos una página incluyendo descripciones detalladas. Fíjate bien en el uso de la primera persona.

EL ARTE DE ESCRIBIR UNA NARRACIÓN

Un aspecto muy importante de la narración es el llamado «punto de vista». No se trata solamente de determinar quién cuenta la historia, sino también qué relación se establece entre la persona que narra y la historia contada. Por esta razón vamos a dedicar esta sección a estudiar algunas estrategias para expresar de manera coherente el punto de vista en nuestras narraciones.

Por otra parte, desde el capítulo 1 hemos venido presentando las dos maneras más eficaces de incluir en un relato las palabras, ideas o pensamientos de los personajes. Hemos hablado del estilo directo y del estilo indirecto, y en este capítulo vamos a estudiar algunos aspectos de la mecánica de presentar el diálogo dentro de una narración.

El punto de vista: la narración en primera persona

Una anécdota —particularmente si se trata de una anécdota personal incluida en un diario o una autobiografía— puede ser narrada por la misma persona a quien le ocurrieron los hechos. En ese caso, se trata de un «yo» que cuenta lo que le pasó, o como también se dice, una voz narrativa «de primera persona».

En una narración en primera persona, el «yo» puede ser el **protagonista** o personaje principal de la historia, pero también es posible que sólo haya sido un testigo casual o secundario de las cosas que le pasaron a otra persona.

Narración en primera persona	Ejemplo
Narrador/a protagonista	Mi padre me dijo que comprara el periódico.
Narrador/a testigo	Oí cuando su padre le dijo que comprara el periódico.

3-5   Reconoce el punto de vista.

Primera fase. Lee los dos textos siguientes poniendo especial atención en el punto de vista.

Versión A

Cuando llegué al Restaurante Mariscos & Mariscos eran aproximadamente las 8 de la noche. Era la primera vez que iba y tenía cierta curiosidad, pues había leído buenas críticas de sus excelentes pescados y, en especial, de mi plato favorito: el salmón en salsa de mostaza. El salón estaba prácticamente vacío, a excepción de unas pocas mesas. Después de considerar varias opciones, le pedí al maître que me sentara cerca de la chimenea. La mesa tenía una excelente vista sobre el fuego, que es una de las cosas que más me gusta mirar, especialmente después de un largo día de reuniones de trabajo.

Me quedé tan absorta mirando las llamas que prácticamente no me di cuenta cuando un hombre que estaba sentado cerca de la puerta se levantó y caminó hacia mi. Sólo noté su presencia cuando un hombre me habló:

—¿Estás sola o esperas a alguien?

Pensé que lo último que deseaba después de un largo día era tener que aguantarme a un pesado, así que le expliqué que estaba sola, que quería seguir sola y que le agradecería que me dejara en paz. El hombre, sin embargo, ignorando lo que acababa de decirle, se sentó e intentó iniciar una conversación. Afortunadamente en ese momento vino el maître a traer la carta y yo le pedí que me cambiara de mesa o que acompañara al caballero a la suya. El empleado del restaurante puso la carta sobre la mesa y con decisión le pidió al hombre que por favor me dejara sola. Sin embargo, él le contestó con grosería, diciéndole que no estaba molestando. Yo pensé que sería mejor marcharme, porque no tenía ganas de soportar una escena de estas y así se lo dije al maître. Pero él me contestó que no me preocupara y le hizo una señal al encargado del bar. En pocos segundos estaba allí un hombre de más de dos metros y fuerte como un boxeador de peso pesado. El maître le explicó lo que estaba pasando y el gigante, dejándole sentir, con toda delicadeza, el peso de su mano en el hombro, le dijo:

—Caballero, le ruego el favor de que me acompañe a la puerta.

El hombre no tuvo más remedio que obedecer y se vio obligado a abandonar el restaurante. El maître, entretanto, me pidió excusas y me dijo que esta noche cenaría por cuenta de la casa.

Versión B

Llegué a mi restaurante favorito, Mariscos & Mariscos, aproximadamente a las 7:45 de la noche y me senté en mi mesa habitual, en el rincón más lejano del salón principal. A esta hora no había casi nadie en el restaurante, salvo una mesa donde estaban a punto de pagar la cuenta y otra, donde una pareja de enamorados trataba de compartir un postre de chocolate sin regarlo por toda la mesa, cosa que les producía una risita nerviosa, como si fueran dos chiquillos haciendo alguna travesura. Poco tiempo después llegaron dos hombres que ocuparon una mesa cerca de la puerta. Parecían haber bebido en exceso y hablaban y se reían demasiado fuerte. Serían tal vez las ocho de la noche cuando vi llegar a una mujer sola. Era alta, tenía el pelo negro, largo y recogido en una trenza gruesa. Llevaba un maletín de ejecutivo y un vestido elegante y muy apropiado para asistir a reuniones de negocios. Se le acercó el maître y estuvieron dialogando durante un momento y señalando diferentes partes del local, tal vez decidiendo sobre el mejor sitio para sentarse. Finalmente ella pareció aceptar la sugerencia del empleado y ocupó una mesa para dos personas, situada al lado de la chimenea. Me pareció evidente que a ella le gustaba estar cerca al fuego, porque desde el momento en que se sentó, se quedó con la vista fija mirando las llamas.

Desde mi situación pude observar cómo los dos hombres de la mesa cerca de la puerta miraban a la mujer, se cuchicheaban algunas palabras al oído y, finalmente, uno de ellos se levantó y se dirigió a la mesa donde estaba ella sentada. Evidentemente, ella estaba tan distraída que no se dio cuenta de su presencia hasta que él le habló. Después de un breve intercambio de palabras, el hombre tomó asiento y siguió hablando. En ese momento llegó el maître con la carta y, después de escuchar lo que ella le decía, se dirigió al hombre y le habló por un momento. Entonces intervino brevemente la mujer y el maître levantó la mano hacia el bar, de donde salió una especie de gladiador romano al que sólo le faltaba una máscara de demonio para ser más temible. Cuando llegó a la mesa, el maître le dirigió unas pocas palabras y el encargado del bar cogió al hombre por el brazo y lo sacó del restaurante. Entre tanto, el maître siguió hablando con la mujer. No pude evitar pensar: «Parece mentira que todavía hoy una mujer no pueda salir a cenar sola sin que venga algún pesado a molestarla.».

Segunda fase. Señala con una X las opciones que mejor describen el punto de vista de cada uno de los textos.

Versión A	Versión B
☐ Punto de vista de primera persona	☐ Punto de vista de primera persona
☐ Punto de vista de tercera persona	☐ Punto de vista de tercera persona
☐ Narradora testigo	☐ Narrador testigo
☐ Narradora protagonista	☐ Narrador protagonista

 Explícalo tú. Vuelve a leer los textos anteriores y sigue las indicaciones.

a. Haz una lista de al menos cinco palabras o expresiones de cada versión que te indican que se trata de una narración de primera persona.

Versión A	Versión B
Modelo: Cuando llegué al restaurante...	Modelo: Llegué a mi restaurante favorito...

b. Haz una lista de al menos cuatro cosas que la protagonista puede contar y explica por qué el testigo no las puede incluir en su narración.

Modelo: La protagonista cuenta que era la primera vez que iba a ese restaurante, y esto no lo puede saber el testigo.

1.	
2.	
3.	
4.	

c. Haz una lista de al menos cuatro cosas que el testigo cuenta en su narración, y explica por qué la protagonista no las puede incluir en la suya.

Modelo: El testigo cuenta quienes estaban en el restaurante antes de la llegada de la protagonista, pero ella no lo sabe.

1.	
2.	
3.	
4.	

d. Compara la última parte de los dos relatos (desde la llegada del hombre a la mesa de la protagonista). Haz una lista de al menos tres diferencias entre las dos versiones y explica cómo influye en ellas el punto de vista.

Modelo: La protagonista cuenta las palabras exactas del hombre, pero el testigo sólo nos puede contar que «le habló».

Versión A	Versión B
1.	1.
2.	2.
3.	3.

El punto de vista: la narración en tercera persona

Revisa el autorretrato de Cervantes que hemos incluido arriba. Sus primeras líneas dicen:

> Este que ves aquí, de rostro aguileño, de cabello castaño, frente lisa y desembarazada, de alegres ojos y nariz corva, aunque bien proporcionada, las barbas de plata, que no ha veinte años fueron de oro [... etc.]

En ese texto hay tres personas presentes: una persona que describe, otra persona a quien la anterior parece estar hablando y que está presente en el verbo «ves» (Este que **tú** ves) y, finalmente, una persona que es descrita en el texto. Naturalmente, por ser un autorretrato, sabemos que quien describe es Cervantes, al igual que lo es la persona descrita. Sin embargo, Cervantes no escribió: «Yo tengo el rostro aguileño...», sino que prefirió hablarnos de sí mismo como lo haría otra persona diferente de él, una tercera persona, y por lo tanto asumió en su autorretrato lo que llamamos un «punto de vista de tercera persona».

Este punto de vista es útil cuando queremos ocultar que estamos hablando sobre nosotros mismos, o cuando realmente contamos las cosas que le han pasado a otros y que nosotros sabemos, bien porque alguien nos las ha contado o porque las hemos leído, o bien, como ocurre en muchos escritos literarios, porque nosotros nos las estamos inventando.

En cierto sentido, el punto de vista de tercera persona no es muy diferente del punto de vista de la narración de un testigo en primera persona, con la excepción de que el/la narrador/a de primera persona aparece dentro del relato en la forma de un «yo», mientras que el narrador de tercera persona es únicamente una «voz» que no forma parte de la historia misma. Otra diferencia muy importante entre el punto de vista de un testigo que narra en primera persona y el punto de vista de tercera persona es que el primero solamente puede contar aquellas cosas que vio, oyó o pudo deducir de los gestos, movimientos o actitudes de los personajes, mientras que el narrador de tercera persona no tiene esas limitaciones y puede contar todo lo que quiera, inclusive los pensamientos de los personajes. Para ilustrar esas diferencias, lee la siguiente versión de la anécdota anterior.

Versión C

Aunque el restaurante Mariscos & Mariscos ha recibido excelentes críticas, no es uno de los más populares de la ciudad. Anoche, por ejemplo, solamente había unas tres o cuatro personas unos minutos antes de las ocho de la noche. Mientras en una mesa se pagaba la cuenta, una pareja de enamorados trataba de compartir un postre de chocolate sin manchar el mantel. A las ocho menos cuarto entró un cliente habitual con cara de solitario. El maître lo recibió con una amabilidad especial:

—¿Su mesa de siempre, Don Antonio?

Y procedió a guiarlo hasta el fondo del salón, desde donde Don Antonio se dedicó a observar todo lo que pasaba en el salón.

Poco después, dos hombres ocuparon una mesa cerca de la puerta. Venían del bar del Hotel Roma, famoso por sus ginebras con tónica. Cuando los vio entrar, hablando y riéndose más fuerte de lo aceptable en un local de categoría, el maître pensó: «Estos traerán problemas, seguro.»

A las ocho y dos minutos entró en el salón una mujer sola. Era joven, y llevaba el pelo en una trenza que le colgaba sobre la espalda. Había pasado la tarde defendiendo un proyecto en una reunión de marketing, pero había triunfado y ahora quería saborear su éxito. Le pidió al maître que le diera una mesa tranquila, cerca de la chimenea.

—Tengo la mesa perfecta para usted —le dijo el maître—. Sígame, por favor.

En efecto, era exactamente lo que ella deseaba, así que le pidió una copa de Rivera del Duero y clavó los ojos en el fuego mientras su mente repetía los momentos más difíciles de la reunión.

En su mesa, los borrachos se quedaron mirando a la mujer desde el momento en que ella entró.

—Esta mujer me recuerda a Sharon Stone en esa película en la que hace de abogada, ¿recuerdas? —cuchicheó uno de ellos.

Al que llevaba un traje azul le entró una risa tonta y cuando la pudo controlar un poco, le dijo al oído:

—A que no eres capaz de invitarla a tomarse una copa con nosotros.

—¡A que sí! ¿Qué te apuestas? —respondió envalentonado el de la corbata verde.

—La cena —afirmó el otro.

Sin pensarlo dos veces, el hombre se levantó, se estiró un poco el traje, se arregló el nudo de la corbata verde que llevaba, y con paso decidido se acercó a la mesa de la mujer, quien sólo notó su presencia cuando oyó que alguien le decía:

—¿Estás sola, o esperas a alguien?

Ella no tuvo que pensarlo dos veces. Lo último que deseaba era vérselas con un moscón pesado, poco ingenioso y, encima, con una corbata verde:

—Vine sola, estoy sola y quiero estar sola —le dijo—. Por favor váyase a su mesa y déjeme en paz.

El hombre, sin embargo, cogió el asiento vacío y se sentó.

—Es que mi amigo y yo pensamos que usted se parece a Sharon Stone y queremos invitarla a una copa, porque Sharon Stone es nuestra actriz favorita —insistió.

Desde su puesto al lado del bar, el maître seguía la escena con ojos de experto. Instintivamente previó el peligro, así que le advirtió al encargado del bar que se preparara para una operación de rescate y, con el pretexto de llevar la carta a la mujer, se acercó a su mesa. Ella aprovechó la oportunidad para pedirle que se llevara al borracho. «Con todo gusto» pensó el maître, a quien esa corbata verde le había caído mal desde el primer momento. Conteniéndose las ganas de insultarlo, sin embargo, le pidió que regresara a su mesa, pero cuando el hombre le contestó en tono insolente diciéndole que no se metiera, el maître llamó al del bar, un antiguo boxeador que aún lucía peligroso, y le explicó lo que estaba pasando. El gigantón cogió al de la corbata verde por el brazo y, mientras lo levantaba como si fuera una pluma, le pidió amablemente que lo acompañara a la puerta. En realidad, podría decirse que los pies del hombre no tocaban el suelo.

Cuando los dos desaparecieron de la vista, el maître le dijo a la mujer:

—Le pido muchísimas disculpas. Esta noche la invita el restaurante.

Nombre: _____   Fecha: _____

3-7 **¿Quién narra?** Marca con una X todas las opciones que mejor describan a la persona que narra la versión C que acabas de leer.

La persona que narra la versión C:		
☐ Es un hombre	☐ Es una mujer	☐ No hay indicios claros
☐ Es protagonista	☐ Es testigo	☐ No interviene en la historia
☐ Conoce los pensamientos de los personajes		☐ Sólo sabe lo que oye, ve, o interpreta
☐ Utiliza «yo», «mi» y otras formas de primera persona cuando habla de sí misma		
☐ Utiliza «él», «ella», «le» y otras formas de tercera persona cuando habla de sí misma		
☐ No habla de sí misma		

3-8 **Cambia el punto de vista.** Lee la siguiente anécdota, narrada en primera persona por su protagonista. Después, vuélvela a escribir desde el punto de vista de Luisa y desde el punto de vista de una tercera persona.

> Ayer, cuando iba caminando hacia la universidad, quería aprovechar los últimos minutos que tenía antes de un examen de español, así que estaba repasando el uso del pretérito y del imperfecto. Al llegar a la esquina del parque vi que al otro lado de la avenida iba mi compañera de clase de español, Luisa, así que corrí para hablar con ella sobre el examen. Esto fue una gran suerte, porque sin darme cuenta, me quité del camino de un carro que venía descontrolado y que se salió de la calle, justo en el sitio donde yo estaba cuando vi a Luisa. Me salvé de milagro.

3-9 **Escríbelo tú.** Escribe una narración breve de algo que te haya ocurrido en el último año, pero debes narrar desde un punto de vista de tercera persona, es decir, como si otra persona escribiera algo que te ocurrió a ti.

El uso del diálogo

El diálogo es una de las maneras más útiles de incluir en un relato las palabras de otras personas. Sin embargo, es importante comprender que el diálogo escrito es muy diferente del diálogo hablado. Algunas de las diferencias más notables entre los dos son:

a. El diálogo escrito es más directo y preciso que el diálogo hablado y normalmente es más breve y tiene un propósito claro, mientras que en la conversación normal, muchas veces decimos cosas sin otro propósito que «seguir hablando».

b. En el diálogo escrito tenemos que especificar quién habla, mientras que en una conversación real entre dos personas, eso es algo que queda claro para quien oiga la conversación.

Capítulo 3 *El diario y la autobiografía*   **39**

Existen también una serie de convenciones sobre la manera como se debe presentar el diálogo en un escrito en español y estas convenciones son diferentes de las que existen en otros idiomas. En inglés, por ejemplo, se usan las comillas para marcar el diálogo y únicamente se pone entre comillas las palabras de quien habla, no las de la persona que narra. Veamos un ejemplo, tomado del libro de Roald Dahl *Danny, the Champion of the World* (Londres: Puffin Books, 2001), página 72:

"Where are you, Dad?" I called out.

"Over here," he answered.

En español, por el contrario, cada parlamento está precedido de un guión, y no se usan las comillas. En cambio, se separan las palabras del narrador mediante otro guión. Veamos este ejemplo, tomado de la novela de la escritora colombiana Laura Restrepo, *Dulce Compañía* (Bogotá: Norma, 1995), página 137:

—¿De dónde lo sacaste?

—Del barrio Galilea. Estoy escribiendo un artículo sobre él —quise sonar impersonal.

—Hola —le dijo Ofelia al ángel, pero él la miró desconcertado y no contestó.

Cada una de las réplicas en el diálogo va precedida, al principio de la línea, por un guión que nos indica que esa línea forma parte de una conversación. En la segunda y tercera réplicas podemos ver cómo las palabras exactas del personaje están separadas mediante otro guión de las palabras de la narradora.

3-10 **Usa la convención correcta.** El siguiente diálogo está presentado según las convenciones propias del inglés. Vuélvelo a escribir, usando las convenciones apropiadas al español.

«Hola,» le dije casi sin mirarla. «¿Qué tienes en esa caja?»

«Nada.»

«¿Entonces para qué la traes?» Le pregunté un poco disgustado.

3-11 **Transfórmalo.** El siguiente párrafo usa el estilo indirecto para narrar una conversación. Vuélvelo a escribir en estilo directo, usando las convenciones correctas para presentar el diálogo.

Se estaba haciendo tarde, así que le dije que era necesario hacerlo todo rápidamente, pero mi jefe insistió en que era más importante comer bien aunque tardáramos más tiempo. Yo no comprendí por qué lo decía, así que se lo pregunté. Entonces me explicó que tendríamos que pasar muchas horas sin comer y que era necesario prepararnos adecuadamente para una marcha muy larga y dura en el bosque.

3-12 **Escríbelo tú.** Escribe un breve párrafo narrativo que incluya un diálogo usando las convenciones correctas. Imagina que le cuentas a alguien la entrevista que tuviste con tu profesor/a para explicarle que no podrás asistir al examen de la próxima semana porque tienes una cita con el médico que es muy importante para tu salud, o por cualquier otra buena excusa que se te ocurra.

GRAMÁTICA APLICADA

Estrategias para escribir una narración

1. Uso y función de los pronombres personales

Los pronombres son palabras utilizadas para remplazar el nombre de personas, animales, cosas o conceptos que hemos mencionado anteriormente. Los pronombres contribuyen a la economía de la expresión evitando repeticiones. Por lo tanto, un pronombre sólo se puede utilizar cuando ya se ha mencionado la palabra que remplaza. La palabra remplazada por el pronombre se llama **antecedente**.

Mi padre es muy popular. Muchas personas conocen **a mi padre** porque ven **a mi padre** en la televisión.

Aunque este texto es perfectamente correcto desde el punto de vista gramatical, un hablante nativo no lo escribiría así, y en cambio, trataría de evitar la repetición de «mi padre», recurriendo al uso de pronombres.

Mi padre es muy popular. Muchas personas **lo** conocen porque **lo** ven en la televisión.

Existe una variedad de pronombres (personales, reflexivos, interrogativos, demostrativos, posesivos, relativos, indefinidos) y cada uno de ellos tiene sus reglas de utilización. En esta sección vamos a concentrarnos en el uso de **pronombres personales**, que son aquellos que se usan para referirse a personas, animales, cosas o conceptos que hemos mencionado anteriormente en un texto, o cuya existencia es evidente en el contexto lingüístico.

En español, la forma y la posición de los pronombres personales cambia según la función que cumplen en la oración y según el género gramatical del antecedente. Esto quiere decir que hay pronombres masculinos y pronombres femeninos, y que estos pueden cumplir función de sujeto, de complemento directo o de complemento indirecto en la oración, y que las formas y la posición usadas en cada uno de esos casos pueden ser diferentes. Por lo tanto, vamos a revisar cada caso.

Pronombres personales en función de sujeto. Los pronombres personales en función de sujeto son:

	Singular		Plural		
	Masculino	Femenino	Masculino	Femenino	Mixto
Primera persona	yo	yo	nosotros	nosotras	nosotros
Segunda persona	tú usted	tú usted	vosotros ustedes	vosotras ustedes	vosotros ustedes
Tercera persona	él	ella	ellos	ellas	ellos

Estas son las formas que se usan cuando el pronombre remplaza a un nombre que cumple la función de sujeto. Sin embargo, es importante recordar que el pronombre sujeto en español sólo se usa cuando es necesario para evitar una confusión, porque ya la persona se hace evidente en el verbo conjugado. Así, por ejemplo, no es necesario decir «Yo bailo» porque «Bailo» es suficiente para comunicar que es la primera persona singular. Pero, en el siguiente caso, conviene usar un pronombre porque sin él no es claro quien baila mejor.

Aunque Isabel y Jacobo bailan bien, baila mejor.

Aunque Isabel y Jacobo bailan bien, ella baila mejor (o él; o usted).

Lo mismo ocurre en el siguiente caso.

Aunque Isabel y Jacobo bailan bien, bailamos mejor.

Aunque Isabel y Jacobo bailan bien, nosotros bailamos mejor.

3-13 **¿Quién es el sujeto?** Vuelve a escribir este texto, asegurándote de que eliminas todos los sujetos innecesarios y los introduces donde hagan falta.

Tengo una familia muy talentosa. Nosotros somos tres hermanos y dos hermanas. Somos Luis, Jaime y yo y son Patricia y Soledad. Luis es el mayor. Él es inteligentísimo; él tiene un título de Ingeniero Forestal y Luis gana mucho dinero. Jaime, en cambio, él no gana mucho dinero, pero Jaime es muy famoso, porque es un poeta excelente. Jaime ha publicado tres libros, pero aunque él no ha vendido muchos, ha recibido varios premios muy importantes. Patricia y Soledad son las menores de todos. Es una excelente estudiante y actualmente ella cursa el último año de la escuela primaria, mientras que tiene solamente cinco años y ya ha entrado al *kindergarten*.

Pronombres personales en función de complemento directo. Los pronombres personales en función de complemento directo son:

	Singular		Plural		
	Masculino	**Femenino**	**Masculino**	**Femenino**	**Mixto**
Primera persona: yo, nosotros	me	me	nos	nos	nos
Segunda persona: tú, usted, vosotros, ustedes	te lo	te la	os los	os las	os los
Tercera persona: él, ella, ellos, ellas	lo	la	los	las	los

Un sustantivo cumple la función de complemento directo cuando recibe directamente la acción del verbo. Por ejemplo, en la oración «Enrique compró un carro», el sustantivo «un carro» recibe directamente los efectos de la acción de comprar. Frecuentemente el complemento contesta a la pregunta ¿Qué? o ¿A quién? (*whom*), seguida del verbo principal: «¿Qué compró?» (Respuesta, complemento directo: un carro). Pero hay que notar que cuando el complemento directo es una persona, y no, como en este ejemplo, una cosa, el complemento directo va precedido de la preposición personal **a**.

Don Quijote ama **a** Dulcinea.

Pregunta: ¿A quién ama? **Respuesta**, complemento directo: a Dulcinea.

Ahora, observa el siguiente ejemplo.

Dulcinea es una joven del pueblo y Don Quijote ama a Dulcinea.

Aunque este texto es perfectamente correcto desde el punto de vista gramatical, un hablante nativo probablemente preferirá usar un pronombre personal para evitar decir dos veces «Dulcinea», y entonces escribirá:

Dulcinea es una joven del pueblo y Don Quijote **la** ama.

En esta nueva versión el pronombre «la» remplaza a Dulcinea, un antecedente que cumple la función de complemento directo y que tiene género femenino. Pero al hacer este cambio, hemos tenido que alterar el orden de las palabras, porque normalmente el pronombre personal en función de complemento directo se pone **antes** del verbo conjugado, o entre **no** y el verbo conjugado en las oraciones negativas.

—¿Viste el nuevo carro de María?

—Sí, **lo** vi. Es precioso.

—¿Y viste la casa que quiere comprar?

—No, no **la** vi. No tuve tiempo.

Un caso especial que afecta la posición del pronombre en función de complemento directo es cuando hay un verbo compuesto que incluye un infinitivo (por ejemplo: voy a compr**ar**) o un gerundio (por ejemplo: están compr**ando**). En estos casos el pronombre se puede poner en su posición normal (antes del verbo conjugado) o bien unido al final del infinitivo o del gerundio.

—¿Sabes si Juliana va a comprar una casa nueva?

—Sí, **la** va a comprar en julio, pero ya **la** está buscando.

—Sí, va a comprar**la** en julio, pero ya está buscándo**la**.

3-14   **Buscando encontrarás.**   Subraya el complemento directo de cada uno de los verbos que lo tengan en el siguiente texto.

MODELO: Mi hermano Carlos tiene <u>mucha suerte</u>. Cuando tenía quince años se ganó <u>una bicicleta</u> en una rifa (*raffle*).

Julia Fernández estudia contabilidad. Su madre la quiere mucho y desde pequeña la ha apoyado para que estudie. Ella se interesó por la contabilidad cuando su padre le regaló un libro sobre la organización de las empresas. Julia lo leyó con gran interés y a partir de ese momento siempre ha soñado con que un día ella sería la encargada de llevar las cuentas de una gran empresa, y esa decisión la estimuló para seguir estudiando. Cuando presentó los exámenes de admisión a la universidad, sacó las mejores notas y por esa razón recibió una beca que le permitió cumplir sus sueños. Ahora sus profesores quieren ayudarla a conseguir un buen trabajo cuando termine sus estudios en agosto. Y con sus excelentes notas es seguro que tendrá muchas opciones para escoger.

Pronombres personales en función de complemento indirecto.   Los pronombres personales en función de complemento indirecto son:

	Singular		Plural		
	Masculino	Femenino	Masculino	Femenino	Mixto
Primera persona: yo	me	me	nos	nos	nos
Segunda persona: tú, usted, vosotros, ustedes	te le	te le	os les	os les	os les
Tercera persona: él, ella, ellos, ellas	le	le	les	les	les

Un sustantivo cumple la función de complemento indirecto en una oración cuando recibe los efectos de la acción del verbo indirectamente. Examina el siguiente texto.

Martina es muy amiga de Julián y por eso le escribe cartas con frecuencia.

El sujeto del verbo «escribe» es Martina, porque es ella quien ejecuta la acción de escribir. Si preguntamos «¿Qué escribe?» tendremos por respuesta el complemento directo del verbo: «cartas». Pero esas cartas van dirigidas a Julián y por eso decimos que «Julián» es el complemento indirecto, ya que recibe indirectamente las consecuencias de la acción de escribir. En esta oración, «Julián» ha sido remplazado por el pronombre personal «le».

Para identificar el complemento indirecto, es necesario preguntar «¿Para quién?» o «¿A quién?» (*to whom*), pero hay que recordar que «¿A quién?» (*whom*) también se usa para identificar el complemento directo cuando este es una persona, puesto que en esos casos está precedido de la preposición personal «**a**».

Mi padre regaló dinero a la universidad.

Pregunta: ¿Qué regaló? **Respuesta**, complemento directo: dinero.

Pregunta: ¿A quién regaló dinero? **Respuesta**, complemento indirecto: a la universidad.

Juan vendió su casa a Mariana.

Pregunta: ¿Qué vendió? **Respuesta**, complemento directo: su casa.

Pregunta: ¿A quién vendió su casa? **Respuesta**, complemento indirecto: a Mariana.

El complemento indirecto puede ser un pronombre personal apropiado, según se indica en la tabla anterior.

Puesto que Juan y Mariana son buenos amigos, él **le** vendió su casa.

A mi padre le encanta mi universidad, así que **le** regaló dinero.

Mi madre es muy generosa y por eso **te** presta su coche.

Tu hermana **me** escribió una carta para pedir**me** un favor.

El uso de pronombres personales en función de complemento indirecto puede causar ciertas ambigüedades en algunos casos, particularmente, cuando el antecedente del pronombre no es claro. Mira el siguiente ejemplo.

Jimena conoció a Marta y a Elena el martes pasado. Dos días después **le** escribió una carta para invitarla al baile.

Aunque no hay ningún error gramatical, esta oración es ambigua, porque no sabemos cuál es el antecedente del pronombre «le», ya que puede ser tanto Marta como Elena. La oración, tal como está escrita, no nos permite saber a quién le escribió la carta. Ambigüedades como ésta se presentan con mucha frecuencia, y por esa razón en español se usa una estrategia para evitarla que consiste en repetir el complemento indirecto, a fin de aclararlo.

Jimena conoció a Marta y a Elena el martes pasado. Dos días después **le** escribió **a Elena** una carta para invitarla al baile.

Algunas veces esta repetición sirve también para hacer énfasis en el complemento indirecto, a fin de resaltar, por ejemplo, algo que es absurdo.

Nunca pude aprender matemáticas, pero ahora mi hijo **me** consulta **a mí** todas sus dudas sobre álgebra.

3-15 Encuéntralos. Subraya los complementos indirectos en el siguiente texto.

Nací en una pequeña ciudad de Chile, en la cual viví hasta que cumplí 18 años. Entonces mi familia decidió mudarse a Santiago, porque a mi padre le ofrecieron un excelente puesto en el banco para el cual trabajaba. Al principio, mi padre no quería aceptarlo, pero le ofrecieron muchas ventajas. Por ejemplo, le aumentaron el sueldo y le pagaron el alquiler de un apartamento estupendo y, además, me dieron una beca para que yo pudiera estudiar en la universidad. Tampoco mi hermana y yo queríamos irnos a Santiago inicialmente, pero cuando nuestros padres nos explicaron todas las ventajas que tendríamos, comprendimos que nos convenía a todos. A mi hermana le dio tristeza dejar a sus amigas y yo, que acababa de conseguir mi primera novia, tampoco quería dejarla. Con el tiempo, sin embargo, nos acostumbramos a vivir en Santiago y fuimos muy felices.

2. Uso y función de los conectores

Los **conectores** son palabras o expresiones cortas cuyo propósito es el de unir diferentes partes de un texto. Su importancia está no solamente en su capacidad de unir o conectar, sino en que además establecen determinadas relaciones entre las partes que unen, por lo cual también se los llama **relacionantes**. La lista de conectores es larga y también lo es la lista de las funciones que pueden desempeñar. La tabla siguiente indica la relación que establecen algunos de ellos, poniéndolos en diferentes grupos.

Tipo de relación	Función	Conectores
1. Adición Indican que el texto siguiente se suma a lo dicho anteriormente.	**Acumulación:** no establecen jerarquía entre los elementos relacionados.	y, además, también, así mismo, por añadidura, igualmente, no sólo… sino también
	Intensificación: sugieren que lo que sigue es un elemento más importante que lo dicho anteriormente.	encima, es más, más aún
	Maximización: sugieren que lo que sigue es lo más importante.	incluso, hasta, para colmo, máxime
2. Oposición Indican que el texto que sigue se opone o contrasta con lo dicho anteriormente.	**Concesión:** sugieren que lo que sigue, aunque diferente de lo ya dicho, también puede ser cierto o correcto.	con todo, a pesar de todo, aun así, ahora bien, de cualquier modo, al mismo tiempo
	Limitación: sugieren que lo que sigue introduce un límite a lo anteriormente dicho.	pero, sin embargo, no obstante, en cierto modo, en cierta medida, hasta cierto punto, si bien, por otra parte
	Exclusión: sugiere que lo que sigue no puede igualarse con lo ya dicho.	por el contrario, en cambio

Tipo de relación	Función	Conectores
3. Causa o consecuencia Indican que el texto que precede y el que sigue están en una relación de causa o consecuencia.	**Consecuencia:** indican que lo que sigue es un efecto o consecuencia de lo ya dicho.	por tanto, por consiguiente, de ahí que, en consecuencia, así pues, por consiguiente, por lo tanto, por eso, por lo que sigue, por esta razón, entonces, entonces resulta que, de manera que
	Causa: indican que lo que sigue es una causa de lo ya dicho.	porque, pues, puesto que
4. Comparación Indican que entre lo ya dicho y lo que sigue existe algún tipo de semejanza.	**Equivalencia o igualdad:** sugieren que lo que sigue es igual o equivalente de lo ya dicho.	del mismo modo, igualmente, análogamente, de modo similar
5. Repetición Indican que lo que sigue repite, aunque sea en otras palabras, la idea expresada anteriormente.	**Explicación:** sugieren que lo que sigue es otra manera de explicar lo ya dicho.	es decir, o sea, esto es, a saber, en otras palabras, dicho de otro modo
	Resumen: sugieren que lo que sigue es un resumen de lo ya dicho.	en resumen, en resumidas cuentas, en suma, total, en una palabra, en otras (en pocas) palabras, como tú sabes (usted sabe), en breve, en síntesis
	Ilustración: sugieren que lo que sigue es un ejemplo de lo ya dicho.	por ejemplo, así, así como, verbigracia, por ejemplo, particularmente, específicamente, incidentalmente, para ilustrar
	Corrección: sugieren que lo que sigue es una mejor formulación de lo ya dicho.	mejor dicho, o sea

Tipo de relación	Función	Conectores
6. Ordenación Indican las diferentes partes del discurso.	**Comienzo:** sugieren que lo que sigue es el comienzo del discurso o de una nueva parte.	ante todo, para comenzar, primeramente
	Fin: sugieren que lo que sigue es el fin del discurso o de una parte.	en fin, por último, en suma, finalmente, terminando, para resumir
	Transición: sugieren que lo que sigue tratará un tema ligera o totalmente diferente de lo anterior.	por otro lado, por otra parte, en otro orden de cosas, a continuación, acto seguido, después
	Digresión: sugieren que lo que sigue abandona temporalmente el tema de lo anterior.	**Inicio de digresión:** por cierto, a propósito, a todo esto
		Fin de digresión: volviendo a lo anterior, de cualquier manera, sea como sea
	Orden temporal: establecen la secuencia temporal.	después (de), después (que), luego, desde (que), desde (entonces), a partir de... antes de, antes que, hasta que, en cuanto, al principio, en el comienzo, a continuación, inmediatamente, temporalmente, actualmente, finalmente, por último, cuando
	Orden espacial: establecen la localización.	al lado, arriba, abajo, a la izquierda, en el medio, en el fondo

3-16 **Usa los conectores.** Vuelve a escribir el texto siguiente usando conectores. Los números que están entre paréntesis te ayudarán a encontrar en la tabla la función apropiada del conector.

En esta breve presentación voy a exponer tres ideas que a mí me parecen esenciales sobre el diseño de los automóviles del futuro. (6), hablaré brevemente sobre la seguridad. (6) diré algunas palabras sobre los aspectos ecológicos y (6), mencionaré el costo.

(6), es esencial que los automóviles se diseñen teniendo en cuenta medidas de seguridad cada vez mejores para evitar muertes y daños graves a las personas que los usan, (3) la gran mayoría de automóviles se construyen para funcionar en las carreteras, y (3) las carreteras son escenario de una gran cantidad de accidentes. (3), sugiero que el diseño de automóviles en el futuro incorpore sistemas inteligentes para detectar la proximidad de otros vehículos.

(6), es un hecho comprobado que el automóvil es uno de los principales causantes de la contaminación ambiental y uno de los mayores consumidores de recursos naturales no renovables. (3), es esencial que los vehículos diseñados en el futuro tengan en cuenta todos los aspectos ecológicos relevantes, (5), las emisiones de gases y el consumo de combustible. (3), propongo que los coches diseñados en el futuro utilicen fuentes de energía renovable y no contaminante.

(6), sabemos que la industria del automóvil es una de las más importantes fuentes de trabajo y de riqueza. (2), para que siga siendo así en el futuro, el precio de los automóviles debe seguir bajando para que puedan ser comprados por un número cada vez mayor de usuarios. (3), la industria automotriz tendrá que hacer un esfuerzo para desarrollar materiales más baratos. (1), sin un esfuerzo notable en este sentido, la industria automovilística se convertirá en marginal y elitista.

(5), creo que el automóvil tiene un futuro muy sólido en nuestra sociedad. (2), para que ese futuro sea viable, es necesario que el diseño de los coches que estarán mañana en las carreteras tengan en cuenta la seguridad, la ecología y la economía.

3-17 **¡Escríbelo otra vez!** Vuelve a escribir la siguiente carta. Usa conectores para mejorar la fluidez del texto.

Queridos mamá y papá:

Quiero enviarles un abrazo y desearles que estén bien. Yo he tenido una pequeña gripe que me ha tenido muy incómodo. Afortunadamente no he tenido que faltar a clase ni un solo día.

Quiero contarles que he tomado una decisión importante. Después de pensarlo mucho he decidido que me voy a especializar en español. Yo había dudado entre español y sociología, pero últimamente he estado hablando con varios profesores y teniendo en cuenta sus consejos, me decidí por el primero. Ayer fui a ver al jefe del departamento, quien me felicitó por mi decisión, y tuve la suerte de que me asignaron como consejera a la profesora Martínez, que es la consejera más popular de todo el departamento. Estoy muy contento.

No piensen que tomé mi decisión sin pensarlo muy bien, quiero explicarles algunas de mis razones. El estudio de lenguas extranjeras es muy importante en un mundo global y su utilidad es muy grande casi en cualquier profesión y los que saben alguna lengua extranjera encuentran trabajo más fácilmente. El español es una de las lenguas más importantes, por el número de hablantes, por la cantidad de países donde se habla. Uno de los trabajos en los que se prevé un mayor crecimiento es el de profesores de español, y yo voy a intentar obtener mi certificado para poder enseñar en la escuela secundaria.

Queridos padres, estoy muy contento con mi decisión porque creo que me ofrece muchas posibilidades en el futuro y espero que a ustedes les guste. Les envío muchos abrazos,
Martín

---

3. Los tiempos del pasado (I)

Una característica que tienen los verbos es que se pueden conjugar. La conjugación de un verbo es un proceso en el cual, mediante la introducción de algunos cambios en la terminación de la palabra agregamos una cantidad importante de información. Conocer y utilizar correctamente los medios para trasmitir la información que se agrega mediante la conjugación es una de las más importantes herramientas para escribir bien, así que en esta sección vamos a iniciar una revisión de algunos conceptos importantes.

Ya sabemos que el sustantivo cambia su terminación para agregar cierta información importante. Así por ejemplo, el sustantivo «casa» cambia su terminación a «casas» y de esta manera agregamos una información adicional respecto al número de casas de las que hablamos.

En el primer caso hablamos de una sola casa mientras que en el segundo hablamos de más de una casa. Algo semejante ocurre con el verbo, pero de una manera más compleja y más rica en información.

El verbo es un tipo de palabra que representa una acción o, en algunos casos, un estado. Los verbos en español terminan en **-ar, -er** e **-ir** (amar, correr, vivir). La forma del verbo que tiene esta terminación se llama **infinitivo** y nos trasmite una cantidad de información muy limitada: simplemente el nombre de una acción o un estado (hablar, ser, existir). Sin embargo, al cambiar la terminación del infinitivo por una terminación apropiada a su conjugación, nosotros agregamos información de dos tipos: en primer lugar, damos información sobre quién ejecuta la acción y, en segundo lugar, informamos sobre el momento, dentro de una secuencia temporal, en el que se ha ejecutado esa acción. Si decimos, por ejemplo, «amo», «correrás» o «vinieron», además de nombrar la acción realizada, decimos **quién** la realiza: **yo** amo, **tú** correrás y **ellos/ellas** vinieron. Igualmente, en esas formas se incluye la información sobre **cuándo** se realiza la acción: yo amo **en** este momento, tú correrás **después de** este momento y ellos/ellas vinieron **antes de** este momento. Nota que esa información va incluida en la forma misma y que no es necesario hacerla explícita mediante otras palabras: «corro» expresa la misma información que «yo corro en este momento».

Cuando queremos expresar información sobre acciones que ocurren **antes de** un determinado momento usamos las terminaciones verbales que corresponden a **los tiempos del pasado**. En español hay varias maneras de expresar la información relativa a las acciones que ocurren en el pasado y, por lo tanto, la conjugación española incluye cuatro tiempos principales del pasado: el pasado simple o pretérito, el imperfecto, el pasado perfecto o compuesto y el pasado anterior o pluscuamperfecto. Cada uno de estos tiempos nos da información sobre algunos matices muy importantes de las acciones que han ocurrido antes de un momento determinado.

Las formas regulares del **pasado simple o pretérito** son*:

(yo) amé, corrí, viví	(nosotros, nosotras) amamos, corrimos, vivimos
(tú) amaste, corriste, viviste	(vosotros, vosotras) amasteis, corristeis, vivisteis
(él, ella, usted) amó, corrió, vivió	(ellos, ellas, ustedes) amaron, corrieron, vivieron

Este tiempo nos informa que **la persona que habla percibe** esa acción como una acción **completada y terminada** antes del momento en que habla. De esta manera, la persona que dice «Corrí con todas mis fuerzas», además de la intensidad de su esfuerzo, nos da otra información muy importante: esa carrera ya se terminó.

Cuando hablamos o escribimos, es importante tener en cuenta ciertas expresiones que nos ayudan a expresar la idea de que percibimos un determinado momento del pasado como algo completo y terminado, o que percibimos ese período como un punto sin una duración específica en la línea del tiempo. Si decimos, por ejemplo, «El verano del 2003 corrí en cuatro competiciones importantes» o «Mis primas vivieron cuatro años en Madrid», las expresiones temporales «el verano del 2003» o «cuatro años» se unen a la forma verbal (corrí, vivieron) para significar que la persona que habla percibe la acción expresada como algo puntual, completo y terminado.

---

*Para las formas completas de los tiempos verbales, ver el apéndice al final del *Cuaderno*.

3-18 Reconoce el pretérito. Subraya los verbos en pretérito que aparecen en la siguiente narración.

Terminé de trabajar a las cinco de la tarde. Apagué el ordenador, guardé en un cajón los papeles que tenía sobre la mesa y salí a la calle. Como no tenía nada que hacer, llamé a Enrique, mi novio, pero no contestó. Recordé que él tenía una cita con el médico, así que marqué el número de Luisa Bermúdez, una amiga de la escuela a quien no había visto en varios meses. Cuando contestó, reconoció mi voz inmediatamente y me dijo «Pepita, qué alegría oírte. Precisamente, estaba pensando en ti». Nos dimos cita en el Café El Cisne, que estaba muy cerca de su apartamento. Cuando nos encontramos, nos saludamos con mucho cariño. Yo pedí un café con leche y Luisa se tomó un jugo de piña. Me contó muchas cosas interesantes sobre su vida y yo le conté algunas cosas buenas que me habían pasado en los últimos días. Unas dos horas después, nos despedimos, pero prometimos no dejar pasar tanto tiempo antes de vernos otra vez.

3-19 Utiliza el pretérito. Completa la siguiente anécdota utilizando la forma correcta de algunos de los verbos que aparecen en la lista pero ten cuidado porque hay más verbos de los que son necesarios.

cantar	castigar	comprar	contar	conversar
decir	despedirse	dudar	enseñar	invitar
llegar	llover	mostrar	ponerse	reconocer
regresar	reír	salir	sentarse	ver

Felipe Rincón (1) _____ a su amiga Delia cuando salía del teatro. Hacía mucho tiempo

no hablaba con ella, y por eso (2) _____ antes de acercársele. Pero cuando ella lo

(3) _____, (4) _____ muy contenta. Le (5) _____: «(6) _____

ayer de un crucero por el Caribe. Si tienes tiempo te cuento todo y te muestro unas fotos.»

(7) _____ en un banco del parque y (8) _____ durante varias horas. Delia le

(9) _____ todo lo que había hecho en el crucero y le (10) _____ unas fotos de

Cartagena de Indias y de Veracruz. Felipe (11) _____, pero la (12) _____ a cenar

el siguiente sábado.

Las formas regulares del **imperfecto** son:

(yo) amaba, corría, vivía	(nosotros, nosotras) amábamos, corríamos, vivíamos
(tú) amabas, corrías, vivías	(vosotros, vosotras) amabais, corríais, vivíamos
(él, ella, usted) amaba, corría, vivía	(ellos, ellas, ustedes) amaban, corrían, vivían

El imperfecto nos informa que **la persona que habla percibe** esta acción como una acción terminada, pero se **agrega el matiz de su duración** en el pasado. En otros casos, el imperfecto también añade el matiz de que esa acción **se repitió** varias veces en el pasado. Al decir «Joaquín amaba a Rita» no solamente decimos que ya no la ama, sino que añadimos un matiz de duración indefinida en el tiempo, es decir, que la amó durante cierto tiempo. Y si decimos «Mis primas venían a visitarnos», además de decir que ya no vienen, estamos agregando el matiz de que vinieron varias veces en el pasado, y no solamente una vez.

Es importante enfatizar que no se trata de que unas acciones tengan o no tengan duración en sí mismas. Lo que importa es la manera como, en el momento de hablar, el hablante las percibe. Un hablante puede percibir, y por lo tanto, expresar una acción pasada como un punto sin duración específica en el tiempo, o al contrario, como una sucesión de momentos con una duración en el pasado. Los dos ejemplos que siguen son correctos gramaticalmente, pero expresan **una percepción** diferente sobre la duración de las acciones.

En 1995 **viví** en Tegucigalpa. (Percepción puntual, no incluye duración)

En 1995 **vivía** en Tegucigalpa. (Duración determinada en el tiempo)

El uso de ciertas expresiones temporales refuerza la idea de repetición que ya tiene el imperfecto.

Todos los veranos íbamos a la playa.

Cada año cambiábamos de carro.

3-20 Reconoce los tiempos.

Primera fase. Lee la siguiente historia y subraya los verbos que están en pretérito. Además, haz un círculo alrededor de los verbos que están en imperfecto.

María Ignacia era una joven de Guadalajara que no sabía muy bien qué quería de la vida. Vivió en esa ciudad con sus padres hasta que cumplió veinte años y precisamente el día de su cumpleaños, mientras celebraba con un grupo de amigos, descubrió algo que la cambió para siempre.

Ese día salió temprano de su casa. Llevaba el traje que recibió como regalo de cumpleaños y mientras se dirigía a la casa de su mejor amigo, pensaba que le gustaría hacer algo diferente con su vida. Llevaba muchos años estudiando y estaba cansada. No le interesaba nada de lo que hacía y se aburría en sus clases. Por esa razón tomó la decisión de aprovechar cualquier oportunidad que se le presentara para cambiar.

Cuando llegó a casa de su amigo, la estaban esperando todos sus compañeros y compañeras de clase. Los saludó a todos, incluso a una pareja que estaba bailando cuando ella entró. Cuando terminó de saludarlos a todos, vio que en la cocina estaba una persona a quien ella no conocía, así que María Ignacia se le acercó y le preguntó quién era. Este desconocido era, nada menos, que el más famoso director de teatro de México. Aunque ella iba con frecuencia al teatro y todos los fines de semana veía una o dos películas, nunca había pensado en dedicarse al teatro. Sin embargo, María Ignacia le pidió que le hablara sobre el teatro. Fue así como ella descubrió que lo que quería realmente era ser actriz y gracias a esa conversación tomó la decisión de irse a la capital a estudiar teatro, y así inició una carrera que la convirtió en la actriz de teatro más popular de México.

Segunda fase. Marca con una X la opción que mejor describe la duración de cada una de las acciones a las que se refieren los fragmentos siguientes. Si necesitas ampliar el contexto de los fragmentos, vuelve a leer la historia anterior.

Verbos	Acción		
1. María Ignacia era una joven	☐ Puntual	☐ Continuada	☐ Repetida
2. vivió en esa ciudad	☐ Puntual	☐ Continuada	☐ Repetida
3. cumplió veinte años	☐ Puntual	☐ Continuada	☐ Repetida
4. mientras celebraba con un grupo	☐ Puntual	☐ Continuada	☐ Repetida
5. estaba cansada	☐ Puntual	☐ Continuada	☐ Repetida
6. tomó la decisión	☐ Puntual	☐ Continuada	☐ Repetida
7. iba con frecuencia al teatro	☐ Puntual	☐ Continuada	☐ Repetida
8. todos los fines de semana veía una o dos películas	☐ Puntual	☐ Continuada	☐ Repetida
9. ella descubrió	☐ Puntual	☐ Continuada	☐ Repetida
10. lo que quería realmente	☐ Puntual	☐ Continuada	☐ Repetida

3-21 **Ahora, hazlo tú.** Completa la siguiente historia utilizando el pretérito o el imperfecto según sea necesario. Usa los verbos de la siguiente lista, pero ten cuidado porque hay más de los necesarios y algunos se pueden usar más de una vez.

alcanzar	anunciar	cargar	comprender	desear
empezar	esperar	estar	hacer	imaginar
importar	llamar	llegar	morir	olvidar
pensar	planear	reír	resultar	ser
soñar	sumar	tener	usar	vender

Hace muchos años, Julio Cifuentes (1) _____ un viaje en motocicleta desde Lima hasta

Buenos Aires. Cuando (2) _____ los planes para ese viaje, nunca (3) _____ la

cantidad de obstáculos que encontraría. Al contrario, (4) _____ que era un proyecto muy

fácil de realizar y que lo único que (5) _____ era tener buena voluntad y un deseo firme

de alcanzar su meta. Sin embargo, las cosas no (6) _____ como él (7) _____ .

Para empezar, su motocicleta no (8) _____ la más apropiada para ese proyecto,

debido a que (9) _____ más de veinte años y sus ruedas (10) _____ gastadas.

En segundo lugar, Julio no (11) _____ la precaución de llevar un equipaje pequeño y

(12) _____ con una cantidad de objetos inútiles que le (13) _____ excesivo

peso. Para terminar, aunque Julio había trabajado durante muchos años para ahorrar dinero,

cuando (14) _____ su viaje únicamente tenía unos pocos soles que no solamente le

(15) _____ para unas pocas semanas.

Cuando Julio (16) _____ que no llegaría nunca a Buenos Aires, (17) _____ la

única cosa que podía hacer: (18) _____ la motocicleta y regresó a Lima en el primer

autobús que encontró. Antes de montarse, sin embargo, (19) _____ a su madre y

le (20) _____ su regreso, así que cuando (21) _____ a la estación, lo

(22) _____ su madre, su hermana, su tío y algunos vecinos. Pero hay que decir que

nadie se (23) _____ de él.

Las formas regulares del **pasado perfecto o compuesto** son:

(yo) he amado, he corrido, he vivido	(nosotros, nosotras) hemos amado, hemos corrido, hemos vivido
(tú) has amado, has corrido, has vivido	(vosotros, vosotras) habéis amado, habéis corrido, habéis vivido
(él, ella, usted) ha amado, ha corrido, ha vivido	(ellos, ellas, ustedes) han amado, han corrido, han vivido

El pasado perfecto o compuesto conlleva la información de que una acción que empezó en el pasado, todavía no ha terminado completamente. Cuando el hablante usa este tiempo, por lo tanto, considera la acción pasada como algo incompleto y que sigue siendo verdad en el presente. La oración «Rita siempre ha amado a Joaquín» significa que Rita empezó a amar a Joaquín en el pasado, pero que su amor no ha terminado. Nota la diferencia entre las siguientes oraciones.

a. Marta trabajó como voluntaria.
b. Marta trabajaba como voluntaria.
c. Marta ha trabajado como voluntaria.

La primera oración (a) sugiere que el voluntariado de Marta ha terminado y que si alguna vez fue voluntaria, eso es algo que ya no hace. La segunda oración (b) sugiere que Marta trabajó durante un cierto período como voluntaria o que lo hizo en varias ocasiones, pero también sugiere que ese período de su vida ha terminado. En la tercera oración, en cambio, (c) se sugiere que Marta ha sido voluntaria en el pasado y que es posible que lo sea en el presente o que lo vuelva a ser en el futuro.

3-22 **¡Identifícalos!**

Primera fase. Lee la siguiente historia, subraya los tiempos del pasado y escribe un **1** junto a los verbos que están en pretérito, un **2** junto a los que están en imperfecto y un **3** para los verbos que están en pasado perfecto o compuesto.

Mi personaje favorito es mi padre. Él es un viejo profesor que ha enseñado durante más de treinta años. En toda mi vida, nunca he conocido a nadie tan honesto y bueno como él, y por esa razón siempre he deseado que existiera un Premio Nobel al Mejor Padre, pero como ese premio no existe, tendré que inventarlo yo.

Mi padre empezó a trabajar en un pueblo muy lejano del Estado de Jalisco en México. Su escuela era muy pequeña y no contaba con ninguna comodidad, pero cuando lo trasladaron a otra escuela, dos años más tarde, los habitantes del pueblo escribieron una carta pidiéndole al gobierno que no se lo llevara porque lo querían mucho. ¡Cuántas veces me he imaginado la felicidad de mi padre al ver que lo apreciaban tanto!

Yo he admirado a mi padre desde cuando comprendí que los sacrificios que él ha hecho a lo largo de toda su vida sólo han tenido una motivación: darme un buen ejemplo a seguir en la vida.

3-23 **¡Ahora, úsalos tú!** Completa la siguiente historia utilizando el pretérito, el imperfecto o el pasado compuesto según sea necesario. Usa los verbos de la siguiente lista, pero ten cuidado porque hay más de los necesarios y algunos se pueden usar más de una vez.

admirar	apreciar	casarse	castigar	comer
conseguir	creer	dormir	enamorar	estar
estudiar	ganar	invitar	pensar	querer
recomendar	ser	soñar	tener	vender

Gervasio Uribe dice que (1) _____ un hombre feliz toda su vida. ¿Por qué? Pues, muy

sencillo: porque siempre (2) _____ todo lo que ha querido. Por ejemplo, (3) _____

mucho dinero, aunque él siempre (4) _____ que el dinero no hace la felicidad. Pero ade-

más de ganar dinero, (5) _____ muchas y muy buenas amistades que lo (6) _____

por sus cualidades y no por su dinero ni por su posición social. Finalmente, Gervasio

(7) _____ mucha suerte en el amor y no sólo (8) _____ con una mujer a quien

todo el mundo (9) _____, sino que (10) _____ un hijo inteligente, guapo y muy

trabajador, Luis Uribe. Luis (11) _____ medicina y cuando todavía (12) _____

en la universidad, varios hospitales lo (13) _____ a hacer prácticas, no solamente porque

sus notas (14) _____ las mejores, sino porque sus profesores lo (15) _____

mucho y lo (16) _____ muy bien. Ahora Luis es el médico jefe en el Hospital del

Condado, donde se (17) _____ la admiración y el respeto de todos sus colegas.

Las formas regulares del **pasado anterior o pluscuamperfecto** son:

(yo) había amado, había corrido, había vivido	(nosotros, nosotras) habíamos amado, habíamos corrido, habíamos vivido
(tú) habías amado, habías corrido, habías vivido	(vosotros, vosotras) habíais amado, habíais corrido, habíais vivido
(él, ella, usted) había amado, había corrido, había vivido	(ellos, ellas, ustedes) habían amado, habían corrido, habían vivido

El pasado anterior o pluscuamperfecto indica que esa acción terminó antes que otra acción que también ocurrió en el pasado. El pluscuamperfecto, por lo tanto, necesita de dos acciones: una acción ocurre en un momento del pasado y la otra ocurre antes de ese momento. Observa la siguiente oración: «Cuando Luis ganó el campeonato, había corrido en muchas competiciones». Esta oración es equivalente en significado a la siguiente: «Antes de ganar el campeonato, Luis corrió en muchas competiciones».

Con alguna frecuencia, el pluscuamperfecto está acompañado por la expresión temporal «ya», mientras que la otra acción puede ir acompañada de expresiones tales como «antes de + infinitivo» o «cuando + pretérito».

Antes de viajar a Europa, **ya había recorrido** toda América Latina.

Cuando publicó su primera novela, **ya había escrito** dos obras de teatro.

3-24 **Una historia de familia.** Utilizando los siguientes datos, escribe diez oraciones en las que se use el pasado anterior o compuesto.

Modelo: 1999   Marina termina sus estudios de derecho.

2000   Marina se casa con Jesús Pérez.

*Cuando **se casó** con Jesús Pérez, Marina ya **había terminado** sus estudios de derecho.*

1980   Venancio Marín y Julieta Escobar se casan en San Juan de Puerto Rico (marzo). Se trasladan a Nueva York (julio). Venancio empieza a trabajar en la tienda Todo Deporte (septiembre).

1982   Nace Marina, primera hija del matrimonio (marzo). Un mes después, en San Juan, muere la madre de Julieta. Venancio entra a estudiar Contabilidad (septiembre).

1984   Nace Jesús, único hijo varón de Venancio y Julieta (octubre).

1987   Marina va a *kindergarten* (septiembre).

1989   Jesús empieza la escuela (septiembre).

1990   Ascienden a Venancio a director regional en su trabajo (enero).

1991   Julieta consigue en la Biblioteca de Nueva York (enero).

1992   Julieta espera un nuevo hijo (noviembre).

1993   Julieta deja su trabajo en la Biblioteca (marzo) y pocos meses después nace Judith (agosto).

1994   Aceptan a Marina en el equipo de natación de su escuela (agosto).

1996 Jesús consigue el puesto de pitcher en el equipo de béisbol de su escuela (septiembre).

1998 Judith entra a *kindergarten* (septiembre).

1999 Julieta decide volver a estudiar y la aceptan en la City University (marzo). Toma sus primeras clases en la escuela de Enfermería (septiembre).

2000 Marina se gradúa de *high school* (junio).

2001 Nombran a Venancio director gerente de la regional de Nueva Inglaterra (febrero). Venancio recibe un importante aumento de sueldo (abril). Toda la familia viaja de vacaciones a San Juan (agosto).

2002 Jesús se gradúa de *high school* (junio). Durante el verano trabaja como asistente del senador Ramírez. En septiembre inicia sus estudios de Ciencia Política en la Universidad del Estado de Nueva York en Albany. Muere la madre de Venancio en San Juan (diciembre).

2003 Julieta se gradúa de Enfermera (junio) y consigue en el Hospital General (julio).

2004 Marina termina la universidad con un título de Bachiller en Artes y Ciencias (mayo). En Septiembre entra en la facultad de Derecho con una beca de la Universidad de Virginia. Judith comienza *high school*.

2005 Julieta hace un curso especial (marzo–junio) y la ascienden a enfermera jefe de Maternidad (agosto).

2006 Nombran a Judith presidenta del equipo de debate de su escuela (septiembre). En diciembre, su equipo gana el campeonato de la Ciudad de Nueva York.

Un caso especial en el uso de los tiempos del pasado se presenta cuando dos acciones ocurren simultáneamente. Cuando contamos una anécdota, a menudo necesitamos expresar la idea de que dos acciones del pasado ocurrieron al mismo tiempo.

Normalmente usamos el imperfecto para una acción **que ocurre durante un cierto tiempo** en el pasado y el pretérito para otra **de menor duración** que ocurre simultáneamente a aquella.

Juana **entró** cuando mi padre **estaba leyendo**.

(«estaba leyendo» tiene duración, pero «entró» es puntual)

Cuando **tenía** quince años **conocí** a Germán.

(«tenía 15 años» tiene duración, pero «conocí» es puntual)

Cuando el ladrón **huía**, **mató** a un policía.

(«huía» tiene duración, pero «mató» es puntual)

Cuando las dos acciones se perciben como de una duración igual o parecida, los dos verbos deben ir en imperfecto.

Mi padre **se aburría** terriblemente cuando Lina **cantaba**.

Cuando **vivía** en Nueva York, **tocaba** el saxofón.

Ella me **sonreía** mientras **pagaba** la cuenta.

Sin embargo, cuando las dos acciones **se perciben** como puntuales o carentes de una duración específica, los dos verbos deben ir en el pretérito.

Cuando **huyó**, el ladrón **mató** a un policía.

Ella me **sonrió** cuando **pagó** la cuenta.

Cuando Lina **cantó**, mi padre se **aburrió** terriblemente.

3-25 **Reconoce la duración.**

Primera fase. Lee la siguiente historia y subraya todos los verbos que están en pretérito y en imperfecto.

Cuando se casaron en San Juan de Puerto Rico, Venancio Marín tenía veintiocho años y Julieta Escobar había cumplido veinte. Vivieron unos pocos meses en casa de los padres de Venancio, pero como no se sentían a gusto, decidieron mudarse a Nueva York y así empezó su aventura americana.

Los primeros meses en la Gran Manzana fueron muy difíciles, pero como eran jóvenes y se querían mucho, los vivieron con mucha alegría. Finalmente, en septiembre, Venancio consiguió un trabajo cargando cajas en una tienda de Todo Deporte. Claro que no era un trabajo muy bueno, pero les permitió ahorrar un poco de dinero para comprar su primer carrito. Hoy, cuando lo recuerdan, todavía se ríen, porque parecía más una pieza de chatarra que un automóvil de verdad, pero cuando lo compraron les parecía el carro más bello que se había construido.

Segunda fase. Selecciona cinco pares de acciones que ocurren simultáneamente en la historia anterior y explica el uso de los tiempos verbales.

MODELO: Cuando se **casaron**... Venancio **tenía** veintiocho años.

«Tenía veintiocho años» tiene una duración, mientras que «se casaron» es una acción puntual.

3-26 **Cuéntalo tú.** Escribe el siguiente párrafo de la historia de Venancio y Julieta usando los datos que conoces e inventando otros que creas necesarios. Usa todos los tiempos del pasado que necesites para contar la historia.

_____

_____

_____

_____

_____

_____

_____

_____

_____

CAPÍTULO

4
El futuro

Futurología versus ciencia

La palabra **futuro** proviene del Latín *futūrus*, que significa literalmente «lo que está por venir». Relacionadas con esta idea en castellano tenemos la palabra **porvenir**, que tiene un matiz algo diferente ya que suele usarse de manera más individualizada. Por otro lado el **prefijo** *pre-* (del latín *prae*), en español, se refiere a algo que es anterior a otra cosa, así pues, un **preámbulo**, es una introducción que se hace antes de una narración, un discurso, un congreso, una película, etc. La palabra **prematuro** significa algo que aún no está maduro, como puede ser un bebé que ha nacido antes de tiempo, o un plan que aún no ha terminado de concretarse. Del mismo modo, la palabra **predicción**, y su verbo **predecir** aluden a lo que se dice antes de que pase algo, es decir, a lo que se adivina o a lo que de manera más o menos científica se demuestra antes de que ocurra. Otras palabras con este prefijo son: prefijo (que va antes de la palabra), **prevenir** (anticipar lo necesario para un fin), **prehistórico** (anterior a la historia escrita), etc. Si te fijas, casi todas estas palabras son **cognados** en inglés y en otras lenguas anglosajonas y románicas porque proceden de una raíz común.

Cuando hablamos de futuro también nos referimos al tiempo verbal que se utiliza para indicar acciones que aún no han ocurrido. En la sección **Gramática aplicada** de este capítulo revisamos las formas de este tiempo verbal y otras que también usamos para hablar de acontecimientos que aún no han tenido lugar, de planes y de propuestas.

El campo semántico de la palabra futuro es extenso. Si miras en un diccionario encontrarás algunas de estas palabras: **futurología, futurismo,** futurible.

La futurología es un conjunto de estudios que se propone predecir científicamente el futuro del ser humano. Sin embargo, los científicos no creen que sea una ciencia, ya que la futurología no se basa en demostraciones **empíricas**. Por lo general, los futurólogos basan sus predicciones en la posición de las estrellas y en ciertos acontecimientos cósmicos de difícil comprobación. En contraste con esto, **la ciencia** persigue una disposición ordenada de conocimientos comprobados.

La palabra ciencia, también procede del latín (*scientĭa*) y en su **acepción** más importante se refiere a un ramo particular del saber humano. En español también se utiliza esta palabra como **sinónimo** de habilidad o maestría, es decir como el conjunto de conocimientos en cualquier cosa. Cuando hablamos de **ciencias exactas** nos referimos a aquellas que sólo admiten principios, consecuencias y hechos demostrables a través de las matemáticas. Las **ciencias fisicoquímicas** se basan igualmente en el principio de **causa-efecto**; las **ciencias naturales**, como la geología, la botánica, etc., tienen por objeto el estudio de la naturaleza y aplican el principio de la observación y la demostración. Por otro lado, el objetivo de las **ciencias humanas**, como la psicología, la historia o la antropología es el estudio de diferentes aspectos humanos y el de las **ciencias sociales** es el de estudiar la organización, la conducta o la economía desde un punto de vista individual o colectivo.

Más próximas a la futurología están las **ciencias ocultas**, que desde la Antigüedad han tratado de explicar los fenómenos de la naturaleza a través de la **magia**, la alquimia y otras prácticas más o menos relacionadas con la **superstición**.

4-1 Predice y comprueba. Asocia las siguientes palabras con las definiciones más apropiadas. Busca en un diccionario las palabras que no conozcas.

1. _____ pretérito
2. _____ preparación
3. _____ preludio
4. _____ prevenir
5. _____ prevaricación
6. _____ prevalecer
7. _____ predestinado
8. _____ presentar

a. Advertir o avisar a alguien de algo.
b. Elegido anticipadamente para algo.
c. Acción o un estado de cosas anterior al momento en que se habla.
d. Composición musical breve que se toca o canta antes de otras obras.
e. Delito de abuso de poder conociendo de antemano que es injusto.
f. Disposición para una acción futura.
g. Introducir algo o a alguien.
h. Perdurar, subsistir.

4-2 ¿Ciencia o futurología? Indica con una C o una F si las siguientes palabras se asocian normalmente con la ciencia o con la futurología.

1. _____ Horóscopo
2. _____ Meteorología
3. _____ Zodiaco
4. _____ Astrología
5. _____ Astronomía
6. _____ Espiritismo
7. _____ Anatomía
8. _____ Esoterismo

4-3 Definiciones. Escribe una definición para cada una de las siguientes palabras. Si necesitas usar un diccionario de español no te olvides de anotar el título y el año de la edición.

1. Geología
2. Futurible
3. Sociología
4. Alquimia
5. Superstición
6. Habilidad

El futurismo y la ciencia ficción

El futurismo fue un movimiento artístico y cultural que surgió a principios del Siglo XX en Europa. En 1909 el escritor italiano Filippo Tomasso Marinetti publicó en el periódico francés *Le Figaro* un **manifiesto** que causó gran polémica. Era un escrito provocador en el que se animaba a los artistas de todos los ámbitos a romper con el pasado y mirar hacia el futuro. Se ensalzaba el **dinamismo** de la vida moderna y la **velocidad**, y se llegaba a afirmar que un moderno automóvil era más bello que la *Victoria de Samotracia*, escultura griega del Siglo II A.C., y cuyo original se encuentra en el Museo del Louvre. El manifiesto proponía acabar con los museos, las bibliotecas y las academias y animaba a los artistas a salir a la calle para glorificar al mundo moderno y plasmar la belleza de las masas en movimiento. Además, se hacía una **apología** o defensa de la lucha y de la guerra, como conceptos dinámicos, en contra del **ideal estético** de serenidad y de orden característico del Siglo XIX. El futurismo había extraído de la filosofía de Nietzsche los conceptos del **artista-héroe** y del **arte como acción** y por esta razón fue acusado de falta de originalidad. No obstante, a pesar de ser un movimiento de origen italiano, al publicar su manifiesto en París, que era la cuna de las **vanguardias**, el impacto de este manifiesto fue enorme. Pronto se unieron a él varios **artistas plásticos**, como los pintores Humberto Boccioni, Carlo Carrà y Gino Severino y luego seguirían artistas de otros ámbitos, como el arquitecto Antonio Sant'Elia. Los futuristas tomaron de los **cubistas** su forma de analizar los objetos y del **puntillismo** su plasmación del color con la idea de representar el dinamismo de los sonidos y de los colores en un mundo tecnificado y mecánico. El futurismo abarcó todos los ámbitos artísticos, desde la pintura hasta el cine, pero su apología de la guerra influyó en la participación de Italia en la Primera Guerra Mundial y muchos de sus representantes murieron en esa misma guerra que habían tratado de ensalzar.

La ciencia ficción, por otra parte, es un género literario y cinematográfico que **especula** con acontecimientos posibles en un ámbito espacio-temporal imaginario. Por lo general, este género trata de dar una apariencia científica a los acontecimientos para que estos tengan **verosimilitud**, y la acción puede situarse tanto en el futuro, como en el pasado o incluso en un ámbito atemporal, como puede ser la mente del ser humano. El origen de este género está en la llamada **literatura de anticipación** europea que se sitúa a finales del Siglo XVIII y que fue cultivada por autores como Jonathan Swift o Julio Verne. En Estados Unidos se desarrolló durante el Siglo XX, primero en forma de relatos breves que fueron progresivamente enriqueciendo sus retratos psicológicos y añadiendo detalles **satíricos**, y más tarde en forma de libros. En los años sesenta empezó a prestarse mayor atención a los aspectos narrativos del género y a mejorar su calidad literaria. La madurez del género se produce en los años ochenta y noventa con el nacimiento del *Cyberpunk*, que ve un futuro despersonalizado donde la tecnología adquiere gran importancia. Por otro lado, una corriente humanística impregna también el género dando mayor importancia al individuo y a sus actos.

WWW **4-4** **¿Cuánto sabes?** Explica en unos párrafos lo que sabes sobre cada una de las personas o temas siguientes. Si no sabes mucho haz una pequeña investigación y anota las referencias de tus fuentes. Encontrarás información en la página electrónica de *La escritura paso a paso* (http://www.prenhall.com/laescritura).

1. Nostradamus
2. Cubismo
3. Puntillismo
4. Cyberpunk
5. Julio Verne
6. Nietzsche

EL ARTE DE ESCRIBIR UNA PROPUESTA

La presentación de una propuesta, especialmente cuando queremos conseguir el apoyo de alguien, o que alguien se una a nuestro plan, es un tipo de texto cuyo objetivo principal es convencer. Por lo tanto, en esta sección vamos a revisar tres estrategias que nos pueden servir para esta finalidad: (1) la presentación de las condiciones necesarias para que se pueda realizar la propuesta; (2) la presentación de alternativas; y, finalmente, (3) la presentación de las ventajas del plan.

Presentación de las condiciones necesarias

Al diseñar una propuesta es esencial pensar en cuáles son las condiciones que hacen posible nuestra propuesta. Como nos indica la experiencia, sólo podemos hablar con cierta seguridad de las cosas que ya han ocurrido. Podemos decir que ayer llovió, porque ya lo hemos experimentado. Pero cuando hablamos de las cosas que van a ocurrir en el futuro, suele ser necesario mencionar algunas condiciones que harán posible ese evento, y cuya ausencia impedirá que lo que nosotros planeamos ocurra tal como lo deseamos. Así, por ejemplo, cuando una universidad planea la ceremonia de graduación al final del año, suele decir que «la ceremonia tendrá lugar en el campo de fútbol». Pero inmediatamente se mencionan las condiciones que lo harán posible: «si hace buen tiempo» o «si el tiempo lo permite».

Presentar estas condiciones necesarias directamente en la propuesta es una manera de decir que hemos pensado suficientemente en nuestra propuesta y que somos conscientes de los problemas que se pueden presentar en el camino. En el ejemplo anterior, significa que la universidad no va a obligar a los elegantes padres, madres y familiares de sus alumnos a permanecer toda la mañana bajo la lluvia, y por lo tanto será más fácil convencerlos para que asistan a tan importante ceremonia.

Para encontrar las condiciones necesarias para la realización de una propuesta, una buena estrategia es hacer una lluvia de ideas sobre las cosas que pueden ocurrir para impedir su realización. Preguntas como «¿Qué puede impedir que esto se realice?» nos ayudan a encontrar las condiciones necesarias.

Una vez que has encontrado esas condiciones que harán posible tu propuesta, inclúyelas en oraciones subordinadas precedidas de «si...»

Si hace buen tiempo...

Si conseguimos suficiente dinero...

Nota: Mira la sección **Gramática aplicada** de este capítulo, en la página 69, para recordar cómo funcionan las oraciones hipotéticas.

4-5 **Identifica las condiciones.** En el siguiente texto, identifica las condiciones necesarias y haz una lista de ellas.

De: abc@myred.com

Para: def@tured.com

CC: ghi@otrared.com

Asunto: ¡A la playa!

Datos adjuntos: lista de compra.doc (20 KB)

Resulta que el próximo 25 es el cumpleaños de Silvia. Ayer estuvimos pensando Marta y yo cómo lo vamos a celebrar y se nos ocurrió hacerle una fiesta sorpresa en la playa el sábado 28, si ella no tiene ya otros planes para ese día. Pensamos que si ustedes dos están de acuerdo, podemos reunirnos a fijar algunos detalles y decidir a quiénes vamos a invitar. Si reunimos dinero suficiente, Marta sugiere que llevemos un equipo de música portátil y un pinchadiscos (*DJ*). Ella conoce uno muy bueno que trabaja en la discoteca *La noche*, aunque creo que ella tiene razones secretas para querer llevarlo a él ;-). Si hace buen tiempo también podemos hacer una barbacoa. Marta y yo estamos muy entusiasmados, ¿cómo les parece la idea?

4-6 **Lluvia de ideas.** Los padres de tu mejor amigo/a se van de viaje un fin de semana durante el verano. Aprovechando la oportunidad, ustedes han decidido hacer una fiesta, ya que la casa es grande, bonita y tiene piscina y una barbacoa grandísima. Para la fiesta han pensado invitar a unas quince personas. Haz una lista de las condiciones necesarias para que esta propuesta se pueda realizar. Exprésalas con oraciones que empiecen con «Si...»

Presentación de alternativas

Dado que nosotros queremos convencer a alguien de que participe o apoye nuestra propuesta, una vez que hemos identificado las condiciones que lo hacen posible, conviene ofrecer alternativas para el caso de que esas condiciones no se den. ¿Qué pasará si el día de ir a la playa hay tormenta? ¿Qué pasará si los padres de tu amigo/a cancelan su viaje? Estas son preguntas que una propuesta bien organizada debe contestar a fin de conseguir que otras personas la apoyen.

1. La ceremonia de graduación se celebrará el día 25 a las 10 de la mañana en el campo de fútbol si el tiempo lo permite. En caso de lluvia, se realizará en el gimnasio cubierto a las 11.

2. Para realizar esta propuesta se necesitan 400.000 colones de Costa Rica. Si conseguimos la beca que hemos pedido a la Fundación Ramírez, y la compañía Aérea de Centro América nos da los pasajes a cambio de publicidad, cosa que estamos negociando en este momento, tendremos suficiente para cubrir todos los gastos. De lo contrario, pediremos un crédito de emergencia a la Asociación de Estudiantes.

Normalmente las alternativas se presentan inmediatamente después de las condiciones, precedidas de un conector que indica exclusión u oposición, tales como «De lo contrario», «en caso contrario», «en caso de...» (seguido de la condición opuesta). Otra manera de presentar las alternativas es mediante oraciones condicionales, en las que se establece la condición contraria. Estudia los siguientes ejemplos:

Si hace buen tiempo, iremos a la playa. De lo contrario, nos quedaremos en casa.

Si hace buen tiempo, iremos a la playa. En caso de lluvia nos quedaremos en casa.

Si hace buen tiempo, iremos a la playa, pero si llueve, nos quedaremos en casa.

4-7 **La buena propuesta.** En la siguiente propuesta, encuentra las alternativas que se presentan para los casos en que no se den ciertas condiciones necesarias y rellena la tabla que se presenta a continuación.

En la reunión extraordinaria de la Junta Directiva de la ONG *Traductores sin límites* se decidió enviar un equipo de seis traductores e intérpretes a la región afectada por los recientes terremotos. La misión se iniciará inmediatamente, dado que los servicios de traducción se están necesitando de manera urgente. El equipo de traductores iniciará su viaje mañana, si se consigue organizar un vuelo especial (*charter*) en conjunto con las ONGs *Bomberos sin fronteras (BSF)* y *Médicos sin fronteras (MSF)*. Si esto no es posible, tendremos que retrasar la salida un día más para viajar por línea comercial. Si los colegas de MSF pueden ofrecer alojamiento a nuestros traductores en sus instalaciones, el equipo se alojará en tiendas de campaña prestadas por esa organización. En caso contrario, BSF se ha comprometido a encontrarles alojamiento apropiado. El equipo de traductores se dividirá entre BSF y MSF si necesitan ayuda, pero si no la necesitan, Marta Navarro, jefe de la delegación, tiene instrucciones de ponerse a disposición de la Cruz Roja local.

Condición	Alternativa	Conector

4-8 **Revísalo.** Revisa el correo electrónico de la actividad 4-5 y vuélvelo a escribir, ofreciendo una alternativa a cada condición necesaria.

La presentación de las ventajas

Si vas a comprar un carro de segunda mano, es casi seguro que el vendedor te dará una lista larguísima de las ventajas del que quiere que compres. Un buen vendedor sabe que es importante resaltar las ventajas de lo que quiere vender, aunque ellas sean evidentes. Pues bien, cuando tú presentas una propuesta para que alguien la apruebe o para que se una a ella, en cierta manera debes hacer lo mismo que el vendedor para convencer a esa persona. Es, por lo tanto, una buena práctica resaltar esas ventajas y, como hemos dicho, la conclusión es el mejor momento para hacerlo, ya que el/la lector/a se queda con esta última impresión en mente.

Para saber cuáles son las ventajas de tu propuesta, revisa primero la convocatoria, si es que la hay, y asegúrate de que tu propuesta cumple todos los requisitos que se piden. Si no hay convocatoria, piensa en lo que se espera de este tipo de propuestas (una fiesta, por ejemplo, o una tarde en la playa, o un viaje para ver jugar a tu equipo en otra ciudad) y asegúrate de que tu propuesta considera las eventualidades más frecuentes. Piensa también en cuáles son los resultados que se desea obtener y qué importancia tienen o qué beneficio producen. Estos pueden ser desde algo tan sencillo como pasar un buen rato o adquirir conocimientos nuevos o enriquecerse rápidamente. Piensa por qué o para qué son importantes esos resultados y exprésalo con cláusulas de finalidad o causa. Finalmente, presenta las ventajas de tu propuesta sin exageraciones —¡no te quieres parecer al proverbial vendedor de carros usados que quiere presentarte una chatarra (*junk*) como si fuera un último modelo!

4-9 **Evalúa los dos párrafos.** Lee los dos párrafos que siguen y escribe un párrafo breve explicando cuál de los dos está mejor escrito y por qué.

Párrafo A

En conclusión, debo decir que no se puede encontrar a nadie más preparado que yo para llevar a cabo esta propuesta, ya que he tomado los cursos necesarios. Con la ayuda de los técnicos especialistas de la Oficina de Jardines de la universidad he encontrado varios escenarios naturales que permiten dar una imagen de un campus más bonito, inclusive, que el de las universidades más famosas de Nueva Inglaterra. El equipo técnico que he reunido incluye a los estudiantes más brillantes que han pasado por el Departamento de Video en los últimos diez años, y la maquilladora más original de la universidad.

Párrafo B

En conclusión, debo decir que me he preparado lo mejor posible para la realización de esta propuesta, puesto que en los últimos años he tomado los cursos de producción de video y manejo de cámaras que ofrece el Departamento de Comunicación. Igualmente, con la ayuda de la Oficina de Jardines de la universidad he encontrado algunos escenarios naturales que permiten presentar una imagen muy atractiva de nuestro campus y que puede competir dignamente con el campus de otras universidades famosas. Finalmente, el equipo técnico que he reunido incluye a algunos estudiantes sobresalientes, tanto de video como de maquillaje.

4-10 **Presenta las ventajas.** Completa el párrafo de conclusión de una propuesta cuyas ventajas están listadas a continuación.

Cumple todos los requisitos

Es de fácil realización

Es barata

Es divertida

No se requiere experiencia previa

Para concluir, _____

_____

_____

_____

GRAMÁTICA APLICADA

Estrategias para añadir detalles: porque/para que

En el capítulo 1 hablamos de la **subordinación**. Las subordinadas son oraciones que dependen de otra oración, a la cual llamamos oración principal. La subordinación es uno de los recursos que tiene el lenguaje para añadir detalles. Fíjense en la siguiente oración: Jorge está de mal humor.

Esta oración, que tiene un sujeto y un predicado, es una oración simple. Nos dice algo sobre el estado de Jorge, que está de mal humor, pero no nos dice nada sobre las razones por las que está de mal humor. Para saberlo, tendríamos que hacer una pregunta ¿por qué está Jorge de mal humor? Las respuestas podrían ser variadas: porque ha suspendido un examen; porque se ha peleado con su novia; porque la policía le ha puesto una multa (*fine*)… En cualquier caso, la respuesta siempre nos da una causa, y por eso a estas oraciones, cuando dependen de la principal, se las llama **subordinadas adverbiales de causa**, o simplemente **oraciones causales**. La conjunción más usada para introducir estas oraciones es **porque**, que se distingue del pronombre interrogativo **por qué**, al ser una sola palabra sin acento gráfico.

La preposición **por** también puede introducir oraciones causales pero es menos frecuente que la conjunción **porque** y exige que la palabra que le sigue sea un sustantivo, un infinitivo o una oración sustantivada.

Jorge está de mal humor por **culpa** (sustantivo) de Juana;

Jorge está de mal humor por **pelearse** (infinitivo) con Juana;

Jorge está de mal humor por **lo que pasó ayer** (oración sustantivada).

Ahora observen esta oración:

María vendrá mañana.

A esta oración simple también se le pueden añadir detalles. Las preguntas ¿por qué? o ¿para qué? nos sirven para hablar de la causa o del propósito u objetivo de la visita de María.

María vendrá mañana porque quiere ver a Pedro; o

María vendrá mañana para que le prestes el coche.

En el primer caso, la oración subordinada es causal y está introducida por **porque**. En el segundo caso, la subordinada expresa objetivo o finalidad. A este tipo de oraciones se las llama **oraciones subordinadas de finalidad**, o **finales**. Las subordinadas finales, cuando están introducidas por **para que** llevan el verbo en **subjuntivo**.

La preposición **para** también se utiliza para introducir oraciones finales pero, como ocurría con por, también exige que la palabra que le sigue sea un sustantivo, un infinitivo o una oración sustantivada.

María vendrá mañana para **la fiesta** (sustantivo);

María vendrá mañana para **comer** (infinitivo);

María vendrá mañana para **lo que quieras** (oración sustantivada).

4-11 **Medidas de emergencia.** Completa el siguiente párrafo con la palabra apropiada (**por, porque, para, para que**).

Es necesario que venga el presidente a la reunión del jueves (1) _____ explique a los asistentes

la necesidad de que todos los países del mundo adopten medidas de emergencia (2) _____

preservar los recursos naturales. La mala gestión del agua es una de las mayores preocupaciones

de los grupos ecologistas (3) _____ el agua es un bien necesario (4) _____ la salud y la

agricultura. Muchos países sufren escasez de agua (5) _____ no existen embalses (*dam*) y

canalizaciones que aprovechen el agua de las lluvias. En muchos casos, el agua subterránea es el

único recurso (6) _____ irrigar los cultivos pero la extracción incontrolada del agua está

provocando que los niveles freáticos (*water table*) de agua dulce estén descendiendo a un ritmo

muy alarmante. Las consecuencias de este problema serán muy graves (7) _____ todo el

mundo si no controlamos pronto el uso del agua y si no trabajamos conjuntamente (8) _____

se reduzcan sus niveles de contaminación. Por eso, es necesario, entre otras cosas, educar a la

población (9) _____ no malgaste el agua (10) _____, como todos los recursos naturales, es

un recurso limitado del cual dependen nuestras vidas.

4-12 **Las razones del cambio.** Hace tiempo que piensas en cambiarte de trabajo y llevas un cuaderno donde anotas las razones para hacerlo. Utilizando estas notas, escribe un email a tu mejor amigo/a explicándole tus razones. Usa los conectores y las partículas de enlace que necesites. Haz los cambios necesarios en los verbos.

El nuevo trabajo es mejor.
Me pagan más.
Tengo más horas libres.
Quiero cambiar de ciudad.
El nuevo trabajo está en otra ciudad.
La otra ciudad es más grande.
En el otro trabajo hay más oportunidades de promoción.
Mi novio/a vive en la otra ciudad.
Me voy a casar pronto.
Toda mi familia vive en la otra ciudad.
La otra ciudad tiene más diversiones.

Querido _____,

Hace tiempo que quiero cambiar de trabajo, pero ahora estoy realmente decidido/a porque...

_____

_____

_____

Hasta pronto,

_____

Estrategias para narrar en futuro

El español tiene distintas formas de expresar acciones que todavía no han ocurrido. Raramente se hace uso exclusivamente de los tiempos del futuro. Observen este texto:

El verano que viene lo vamos a pasar muy bien porque llegan todos los tíos, los primos y demás familia. Cuando estemos todos juntos, la casa estará tan llena de gente que habrá que compartir los baños y las habitaciones. En el desván, que es muy grande, vamos a colocar varios colchones y mantas para que puedan dormir todos los niños juntos. Eso les va a encantar. Los domingos haremos paellas y barbacoas en el jardín y los demás días encenderemos el ventilador del comedor para comer allí. Por la tarde, los niños se bañarán en la piscina y los mayores, después de la siesta, tomaremos café y tendremos largas conversaciones. Espero que, como en años anteriores, el abuelo organice el campeonato de ajedrez que anima las veladas.

Ahora, subrayen los tiempos verbales que indican acciones que todavía no han ocurrido y después observen el cuadro siguiente.

Ir + a + infinitivo	Presente	Futuro	Subjuntivo
Lo **vamos a pasar** muy bien	**llegan** todos los tíos	la casa **estará...** llena	Cuando **estemos** todos juntos
vamos a colocar varios colchones	el campeonato de ajedrez que **anima** las veladas	**habrá que** compartir	para que **puedan** dormir
		Los domingos **haremos** paellas	Espero que... el abuelo **organice** el campeonato
		encenderemos el ventilador	
		se bañarán en la piscina	
		tomaremos café	
		tendremos largas conversaciones	

Como ven, en la breve narración se han utilizado, además de los tiempos del **futuro**, la perífrasis del verbo **ir + a + infinitivo**, el **presente** con idea de futuro y el presente del modo **subjuntivo**. Como ocurría al narrar en pasado, los distintos tiempos y modos deben combinarse también para narrar en futuro.

El presente con idea de futuro

El presente de indicativo puede usarse para expresar futuro, de la misma manera que puede utilizarse para expresar pasado. Todo depende del contexto. Para ello, es necesario utilizar expresiones que indiquen futuro: mañana, el mes que viene, dentro de dos días, etc.

Mañana abre sus puertas el nuevo supermercado.

El futuro de indicativo

El futuro se utiliza para expresar acciones que tienen lugar en el futuro. En una oración o en un párrafo normalmente se utilizan, además de los tiempos verbales, expresiones temporales que refuerzan la idea de futuro y suelen colocarse al principio, aunque no siempre.

El próximo martes iré al cine

El futuro también puede usarse para expresar duda o probabilidad. En estos casos, no tiene una idea de acción futura.

—¿Qué hora será? —preguntó Pedro.

—Serán las ocho —contestó Julia sin mirar el reloj.

—¿Qué hará Juana? —se preguntó, tratando de adivinarlo.

—Estará comiendo ahora —sugirió Marta después de mirar el reloj.

Los verbos regulares forman el futuro a partir del infinitivo: hablar-**é**, volver-**é**, vivir-**é**. Algunos irregulares frecuentes son los siguientes: **tendré, podré, pondré,** etc. La forma del futuro de hay es **habrá**. Esta forma sirve de auxiliar para formar el futuro compuesto o anterior que expresa acciones futuras pero anteriores en el tiempo a otras que ocurren en el futuro.

Cuando lleguen las lluvias ya **se habrán secado** las plantas (acción anterior a la acción de llover).

La perífrasis ir + a + infinitivo

El español tiende a sustituir el futuro por esta perífrasis, especialmente en contextos informales. El verbo **ir** se conjuga en presente y concuerda con el sujeto de la acción. La preposición **a** siempre es necesaria en esta perífrasis donde el verbo que lleva el significado es siempre el **infinitivo**.

Elías **va a estudiar** mucho a partir de ahora.

Cuando el verbo va acompañado de pronombres personales de objeto directo o indirecto, estos pueden colocarse antes o después de la perífrasis, unidos al infinitivo, pero nunca entre el verbo ir y el infinitivo.

Te lo voy a decir por última vez.

Voy a decír**telo** por última vez.

El subjuntivo

El subjuntivo es un modo verbal que se utiliza para expresar deseos o incertidumbre. Por esta razón, a menudo se refiere a acciones que aún no han pasado o no están confirmadas. Es decir, a acciones que, si ocurren, ocurrirán en el futuro. Los tiempos del subjuntivo se utilizan siempre en oraciones subordinadas que dependen de otros verbos. A menudo, los verbos principales expresan subjetividad.

Es posible que Lola **hable** de su madre.

Espero que empiece pronto el concierto.

Dudo que Juan **me preste** el dinero que necesito.

El subjuntivo se utiliza en oraciones subordinadas temporales que tienen idea de futuro. Estas oraciones suelen comenzar por una conjunción, adverbio o locución temporal. La más usada es la conjunción **cuando**. El verbo de la oración principal de estas oraciones indica futuro.

Me compraré el coche **cuando deposites** el dinero en el banco.

Te querré **mientras tú me quieras**.

Voy a repetirlo **hasta que lo aprendas**.

Las oraciones subordinadas finales también tienen idea de futuro en relación a la oración principal y están introducidas por **para que** o por otras locuciones adverbiales menos frecuentes.

Dices que estoy delgado **para que me ponga** contento.

El modo subjuntivo tiene tres tiempos: el presente, el imperfecto y el pluscuamperfecto[*].

(4-13) **Predicción meteorológica.** Completa el siguiente texto con las formas apropiadas del futuro de indicativo y del presente del subjuntivo.

Las tormentas de nieve (1) _____ (ser) intensas en las montañas de Asturias y

en los Pirineos. Seguramente (2) _____ (llover) en el País Vasco y en Cataluña.

Es posible que también (3) _____ (llover) en el norte de la Comunidad de

Castilla y León pero las precipitaciones (4) _____ (ser) moderadas. En el centro

de la Península (5) _____ (estar) nublado pero no (6) _____ (hacer) frío.

En la costa Mediterránea el tiempo (7) _____ (ser) magnífico y esperamos que

también (8) _____ (ser) bueno en el sur. En las Islas Baleares (9) _____

(hacer) viento por la mañana pero (10) (calmarse) _____ por la tarde.

---

[*]Ver las formas del subjuntivo en el apéndice de la página 111.

4-14 **¿Qué van a hacer?** En el siguiente párrafo sustituye las formas del futuro por las formas perifrásticas (**ir** + **a** + *infinitivo*).

Pedro y María viajarán (1) _____ a Europa el año que viene. Primero visitarán

(2) _____ España, donde se quedarán (3) _____ una semana y recorrerán

(4) _____ algunas ciudades importantes como Madrid, Barcelona, Toledo y Sevilla.

Desde Madrid volarán a París y desde París a Londres. En Londres tienen amigos y se alojarán

(5) _____ en su casa. Después de unos días en Londres volverán (6) _____ al

Continente para visitar algunas ciudades alemanas como Hamburgo y Heidelberg. Desde allí

seguirán (7) _____ hacia Italia pasando por Suiza. En Suiza irán (8) _____ a

esquiar a los Alpes. En Italia completarán (9) _____ su viaje de un mes visitando Floren-

cia, Venecia y Roma. Seguro que lo pasarán (10) _____ estupendamente.

4-15 **Tus planes de futuro.** Explica en un párrafo los planes que tienes para el próximo verano. Incluye oraciones que contengan las siguientes expresiones: **voy a…; cuando…; para…; para que…; por…; porque…**

Estrategias para expresar situaciones hipotéticas

Las situaciones hipotéticas son aquellas que aún no han sucedido y puede que sucedan o no. Pero para que ocurran es necesario que se cumpla alguna condición. Para expresar estas situaciones podemos utilizar el indicativo o el subjuntivo.

Las oraciones con si

Fíjate en las siguientes oraciones:

a) Si comes mucho engordarás

b) Si vinieras bailaríamos juntos

En la oración a) estamos expresando una situación hipotética: engordarás. Esta situación aún no ha ocurrido pero es muy probable que ocurra si se cumple la condición: si comes mucho. En la oración b) estamos expresando también una situación hipotética: bailaríamos juntos. Esta situación tampoco ha ocurrido y para que ocurra es necesario que se cumpla la condición: si vinieras.

En el caso de la oración a) el hablante está bastante seguro de cuál será el resultado si se cumple la condición: engordarás. Sin embargo, en el caso de la oración b) el hablante no está tan seguro del resultado porque ni siquiera está seguro de que se cumpla la condición: si vinieras bailaríamos juntos (no es seguro que vengas, por lo tanto no es probable que bailemos juntos).

Este tipo de oraciones compuestas se componen de un verbo principal (engordarás, bailaríamos), y de una oración subordinada que expresa una condición introducida por si (si comes mucho, si vinieras). La secuencia verbal en este tipo de oraciones es la siguiente:

a) si + presente de indicativo (oración subordinada condicional); futuro (oración principal)

b) si + imperfecto de subjuntivo (oración subordinada condicional); condicional (oración principal)

4-16 **¿Qué pasaría si...?** Asocia las siguientes condiciones con sus correspondientes situaciones hipotéticas.

1. _____ Si vienes en tren
2. _____ Si él supiera cuánto lo amo
3. _____ Si no estudias más
4. _____ Si fuera posible
5. _____ Si vas en verano a Sevilla
6. _____ Si Juan viniera a verme todos los días
7. _____ Si te dieran la beca
8. _____ Si Ana trabajara en una agencia de viajes

a. me querría más
b. me gustaría conocer al presidente
c. ahorraríamos mucho dinero
d. llegarás antes que en coche
e. tendríamos descuento en los hoteles
f. sacarás muy malas notas
g. hablaríamos más de nuestras cosas
h. pasarás calor

4-17 **Y tú ¿qué harías?** Imagina lo que harías si se cumplieran las siguientes condiciones, y escribe un párrafo completo para cada una.

1. Si me tocaran 30 millones de dólares en la lotería...
2. Si me regalan un viaje a cualquier lugar del mundo...

CAPÍTULO
5
El comentario

El comentario ha sido desde tiempos **inmemoriales** una herramienta fundamental para la producción de conocimiento, y ya en la **antigüedad clásica**, encontramos textos como *C. Iulii Caesaris Commentarii rerum gestarum*, en el que su autor, Julio César, hace comentarios sobre asuntos relacionados con la guerra, un tema de gran relevancia en la antigua Roma. La importancia cultural y científica del comentario radica en que permite (*rests on allowing*) a su autor/a **confrontar** las ideas que se expresan en un texto, ya sea para **explicarlas** o, con mucha frecuencia, para **criticarlas**, o incluso, para **refutarlas** (*reject them*) proponiendo las suyas propias en cambio. En este sentido, el comentario está emparentado con otros tipos de textos como son la **exégesis**, la **interpretación** y la **crítica**.

En efecto, la **exégesis** es un tipo de comentario, generalmente dedicado a textos de carácter religioso, cuyo principal objetivo es explicar determinados pasajes, que por alguna razón puedan ser confusos o difíciles de entender. Por lo general, la exégesis se apoya en la autoridad de su autor y por lo tanto tiende a presentar una explicación «definitiva» o, al menos, **canónica**, del pasaje en cuestión. Ya en el Siglo IV, por ejemplo, Hilario de Poitiers escribe la exégesis más antigua que se conoce del Evangelio de San Mateo. Por otra parte, la **interpretación** nos presenta una explicación personal, que puede ser correcta o no, de un determinado texto, situación o fenómeno que, por alguna razón, pueda ser entendido de maneras diferentes. Un ejemplo relativamente moderno de este tipo de texto es el famosísimo libro de Sigmund Freud, *La interpretación de los sueños*. En este libro, Freud relata el contenido de los sueños de algunos de sus pacientes y hace una interpretación o explicación de su significado. Finalmente, la **crítica**, después de hacer un análisis de los elementos principales del texto comentado, ofrece un juicio acerca de las bondades, la verdad o la belleza que lo caracterizan. Sin embargo, con frecuencia la crítica también ofrece un juicio sobre los errores o los defectos que contiene el texto comentado y, en ciertos casos, ofrece alternativas a las ideas presentadas en él.

Aunque, como hemos dicho, la importancia histórica y cultural del comentario reside en que permite la confrontación de ideas que es esencial para la producción y **refinamiento** del conocimiento, en la época moderna el término ha adquirido un significado más limitado y tiende a usarse con mucha frecuencia en el campo de los estudios literarios, donde se habla del «comentario de textos». Pero es de notar, igualmente, que para un sector importante de los estudios literarios modernos, el término «texto» tiene un significado más amplio y no se limita únicamente a textos escritos, sino que incluye todo aquello de lo que se pueda hacer una «lectura», tal como, por ejemplo, el cine o algunos objetos o costumbres con significación cultural. En el sentido utilizado en los estudios literarios, entonces, el «comentario de textos» es el análisis de un producto cultural en el cual se muestran sus características, se interpreta su significado, y, en algunos casos, se juzga su calidad.

Otro espacio en el que el comentario tiene una gran vitalidad en el mundo actual es en el periodismo. En efecto, muchas de las secciones del periódico están dedicadas principalmente al comentario. Además de que es muy frecuente encontrar comentarios en las páginas dedicadas a la política, algunas de las secciones del periódico donde el comentario está presente con gran vitalidad son, por ejemplo, las páginas deportivas, la sección de sociales o la cultural. Un tipo de comentario que aparece con mucha frecuencia en el periódico es la **reseña** (*review*) de obras literarias, de teatro, de cine o de arte. Estas reseñas pueden llegar a ser tan importantes, que incluso el éxito económico de una obra puede depender de que reciba buenos comentarios en la prensa.

Con la llegada del Internet, el comentario ha recibido un fuerte impulso, ya que muchos sitios se dedican principalmente a publicar comentarios sobre distintos aspectos de la vida pública, ya sean comentarios políticos, sociales o culturales. Una de las mayores transformaciones que el periodismo está sufriendo en tiempos recientes, se relaciona, precisamente, con el surgimiento de los llamados ***blogs***, o páginas Web dedicadas al comentario. Desafortunadamente, en algunas de estas páginas, el significado de comentario se acerca peligrosamente al de **chismorreo** (*gossip*).

5-1 **Predice y comprueba.** Asocia las siguientes palabras con las definiciones más apropiadas. Si no las entiendes por el contexto, búscalas en un diccionario de español a español.

1. _____ refinamiento

2. _____ inmemorial

3. _____ *blog*

4. _____ antigüedad clásica

5. _____ chismorreo

6. _____ refutar

7. _____ confrontar

8. _____ canónico/a

a. Contradecir o rebatir mediante argumentos lo que otras personas dicen o escriben.

b. Que está de acuerdo con las reglas, sagrados preceptos y demás disposiciones de la iglesia.

c. Comentario hecho con el fin de indisponer a unas personas con otras o de trasmitir rumores sobre alguien.

d. Acción de procesar algo a fin de obtener un producto de mejor calidad.

e. Comparar una cosa con otra, especialmente cuando se trata de textos escritos.

f. Período tan antiguo que no hay memoria clara sobre él.

g. Se refiere a Grecia y Roma antiguas.

h. Diario publicado en Internet en el que se da información personal sobre diferentes temas.

5-2 **¿Cierto o falso?** Indica con una **C** o una **F** si las siguientes afirmaciones son ciertas o falsas según la lectura anterior.

1. _____ En el periodismo moderno el comentario no es importante, porque no es compatible con la tecnología del Internet.

2. _____ El origen del comentario se relaciona con el desarrollo de la memoria en los seres humanos.

3. _____ Hay semejanzas y diferencias entre los términos «exégesis», «comentario» e «interpretación».

4. _____ El conocimiento se produce y se refina mediante la confrontación de ideas.

5. _____ En un comentario nunca se deben incluir referencias negativas a lo que se comenta.

5-3 **Definiciones.** Escribe una definición en español para cada una de las siguientes palabras. Si necesitas usar un diccionario de español no te olvides de anotar su título y el año de la edición.

1. Herramienta   **4.** Limitado/a

2. Alternativa   **5.** Proponer

3. Reseña   **6.** Juicio

El ensayo literario

Aunque existe una clara relación entre el comentario y el ensayo, también existen notables diferencias entre ambos. En efecto, aunque el ensayo tiene antecedentes históricos en la obra de algunos autores griegos y romanos, e inclusive en ciertos escritores del Renacimiento, no se consolida como un género bien definido, en el sentido moderno de la palabra, hasta el Siglo XVI, gracias a las obras del francés Michel de Montaigne y del inglés Francis Bacon.

Mientras que el comentario siempre está ligado a un «texto» (en el sentido amplio que hemos explicado arriba) sobre el cual se escribe con el propósito de explicarlo, la principal diferencia con el ensayo literario radica en que este es completamente independiente y su propósito principal es el de presentar la visión personal de su autor/a sobre prácticamente cualquier tema.

Aunque normalmente el ensayo literario está apoyado en un proceso de investigación cuyo propósito es encontrar soportes para las ideas expuestas, el aspecto más importante del ensayo es el carácter personal, hasta el punto de que es este valor subjetivo lo que, para algunos historiadores del género, explica su tardío surgimiento. Como es bien sabido, durante la Edad Media no se fomenta el desarrollo de la personalidad individual, y por ello fue necesario esperar hasta el surgimiento del Humanismo del Renacimiento, cuando la expresión de la individualidad adquirió un valor positivo, para que el aspecto subjetivo e individual se pudiera desarrollar en este género literario.

En toda Europa, el desarrollo de la prensa escrita durante el Siglo XVIII dio un amplio canal de distribución al ensayo, que entonces recibió un impulso notable. De esta época provienen algunos de los más célebres ensayistas europeos, como por ejemplo, Voltaire y Montesquieu en Francia, Lorenzo Magalotti en Italia, y Benito Jerónimo Feijoo, Gaspar Melchor de Jovellanos o José Cadalso en España. Hoy día en España se cultiva el ensayo con algunos escritores de mucho valor, entre los que destacan Rafael Sánchez Ferlosio y Fernando Savater.

En América Latina, el ensayo también ha tenido un desarrollo importante, particularmente, a partir del Siglo XIX, cuando las necesidades políticas del período de la independencia hicieron necesaria la presentación y la argumentación de temas no solamente políticos sino también sobre la cultura de las nuevas naciones. Antonio Nariño, Andrés Bello y el mismo Simón Bolívar son ejemplos de ensayistas del Siglo XIX, y modernamente se puede citar a Sebastián Salazar Bondi, Carlos Fuentes, Julio Cortázar, Octavio Paz o Arturo Uslar Pietri, entre los más destacados.

El ensayo en la vida académica

En la actualidad, el **ensayo académico** se considera uno de los principales medios de evaluación del trabajo universitario, particularmente en el campo de las Ciencias Sociales y de las Humanidades. Aunque no se espera que el ensayo académico tenga las mismas cualidades que el ensayo literario, sí se exige que esté escrito, al menos, correctamente desde el punto de vista gramatical y estilístico. En efecto, muchos/as profesores/as universitarios/as se quejan de que sus estudiantes no escriben con la corrección que esperan. Esta exigencia es particularmente conflictiva en el caso de estudios de lengua extranjera, puesto que el cometer errores gramaticales forma parte integral del proceso de aprendizaje de la lengua.

A diferencia del ensayo literario, el ensayo académico se distingue por la necesidad de contar con un **aparato científico** adecuado. Normalmente, dicho aparato científico está constituido por **citas** de diversas obras que apoyan las ideas expuestas en el ensayo; **referencias bibliográficas** claramente puestas en el texto, de acuerdo con las normas en uso en la disciplina correspondiente, para indicar la **fuente** (*source*) de algunas ideas, informaciones o datos; y una **bibliografía** de obras citadas, normalmente incluida al final del ensayo.

Por lo demás, se espera también que un ensayo académico tenga una clara **introducción** en la que se plantea la **idea central** del ensayo, párrafos que desarrollan un **argumento** en torno a dicha idea central mediante la presentación de **evidencia** en su apoyo, y una **conclusión** lógica de lo expuesto en el ensayo.

5-4 **¿Cuánto sabes?** Explica en sendos párrafos lo que sabes sobre cada una de las personas o temas siguientes. Si no sabes mucho haz una pequeña investigación y anota las referencias de tus fuentes. Encontrarás información en la página electrónica de *La escritura paso a paso* (http://www.prenhall.com/laescritura).

1. Julio César
2. Carlos Fuentes
3. Francis Bacon
4. *Blogs*
5. Michel de Montaigne
6. Voltaire

EL ARTE DE ESCRIBIR UN ENSAYO EXPOSITIVO

Estrategias expositivas: la definición

Recuerda que una buena definición debe, primeramente, relacionar el objeto de la definición con otros objetos que son similares y, en segundo lugar, debe diferenciarlo de ellos. Después de escribir una definición y según las necesidades de tu ensayo, puedes ampliarla haciendo una descripción más detallada de algunas características del objeto definido. Por ejemplo, si estás definiendo un ñandú (según el *Diccionario de la Real Academia de la Lengua Española* (DRAE): «Ave corredora americana, muy veloz, que habita las grandes llanuras»), puedes continuar haciendo una descripción del color de sus plumas, su hábitat y sus hábitos, diferencias entre el macho y la hembra, su ecología, etc.

5-5 **Analiza estas definiciones.** Lee las siguientes definiciones tomadas del DRAE y explica cuáles son las características genéricas y cuáles son diferenciales.

Maraca: Instrumento musical suramericano, que consiste en una calabaza con granos de maíz o chinas en su interior, para acompañar el canto.

Timbal: Especie de tambor de un solo parche, con caja metálica en forma de media esfera. Generalmente se tocan dos a la vez, templados en tono diferente.

Bongó: Instrumento musical de percusión, usado en algunos países del Caribe, que consiste en un tubo de madera cubierto en su extremo superior por un cuero de chivo bien tenso y descubierto en la parte inferior.

	A. Caracteres genéricos	**B. Caracteres diferenciales**
1. Maraca		
2. Timbal		
3. Bongó		

5-6 **Escribe tus propias definiciones.** Sin buscar en un diccionario, escribe la definición de los siguientes términos. Busca sus características genéricas y sus características diferenciales.

Bandoneón: _____

Arpa: _____

Marimba: _____

5-7 **¡Detalles, detalles, detalles!** Usando la definición que has hecho de la palabra «bandoneón», escribe un párrafo de unas ocho a diez líneas. Puedes ayudarte con algunas de las ideas que están en la caja. Si necesitas información para completar tu párrafo, visita la página electrónica de *La escritura paso a paso* (http://www.prenhall.com/laescritura) y sigue los enlaces a esta actividad.

---

1. Familia musical a la que pertenece
2. Diferencias con un acordeón
3. Algunos intérpretes famosos

Estrategias expositivas: la historia

Contar la historia de un objeto es, como hemos dicho en otra parte, una excelente manera de explicarlo. La dificultad, en este caso, está en seleccionar la cantidad y los aspectos más importantes de esa historia, particularmente teniendo en cuenta los límites de la tarea. Usa las técnicas del resumen para reducir el material que has encontrado en tu investigación.

5-8 **¡Resume, resume, resume!** El siguiente párrafo cuenta la historia del bandoneón. Úsalo como base para escribir un párrafo de unas cinco a diez líneas contando la misma historia. Utiliza las técnicas del resumen que aprendiste en el capítulo 1.

Historia del bandoneón

El bandoneón es un instrumento musical de la familia del acordeón. No se conoce con seguridad su origen, pero se ha sugerido que fue inventado por los chinos. El francés Gabriel-Joseph Grenié, contemporáneo de Mozart, construyó un instrumento que sirvió de modelo para el armonio, y cuya característica más importante era que permitía la graduación de la potencia. En 1835, Hermann Ulgh transformó dicho instrumento y construyó una versión que podía transportarse con facilidad, y que no era otra cosa que el actual bandoneón. En 1862 uno de estos instrumentos llegó a Buenos Aires. Había sido fabricado en el taller *Band Union* de una fábrica alemana. De allí se deriva su nombre: bandoneón. Unos quince años después se origina en la Argentina la música y el baile que están hoy unidos inseparablemente a este instrumento: el tango.

El bandoneón tiene una forma cuadrada y algo más grande que la concertina, instrumento al que se parece más que al acordeón. El bandoneón utiliza únicamente 38 botones, para los registros agudo y medio y otros 33 botones para el registro grave. Cada botón produce una nota, y los acordes se producen pulsando varios botones simultáneamente, como en el piano.

Entre los compositores más importantes que han escrito piezas para este instrumento se cuentan los argentinos Alejandro Barletta y Roberto Caamaño, quien tiene un concierto para bandoneón y orquesta.

Estrategias expositivas: el análisis

Según el DRAE, análisis es la «distinción y separación de las partes de un todo hasta llegar a conocer sus principios o elementos». Es decir, el análisis consiste en mostrar las partes que componen el objeto sobre el que escribimos. El análisis es una estrategia que se suele combinar con la exposición de la organización o del funcionamiento. En una exposición solemos mostrar los componentes de un mecanismo, las partes de un objeto, los diferentes sectores de una región, con el propósito de mostrar a continuación cómo funcionan entre sí, o qué relación los une. De esta manera, si tuviéramos que analizar el cuerpo humano, podríamos decir que sus principios o elementos son varios sistemas que funcionan juntos, como son el sistema óseo o esqueleto, el sistema muscular, el sistema circulatorio, el sistema nervioso, el sistema digestivo, el sistema respiratorio y el sistema reproductivo. Una vez analizado el objeto de nuestra exposición, podemos continuar mostrando cómo funciona cada uno de ellos y cómo funcionan en conjunto.

5-9 **¿Qué es un poema?** Estudia el siguiente ejemplo y explica qué estrategias expositivas se utilizan, y señala qué parte del texto corresponde a cada una de ellas.

Un poema es un texto literario de extensión variable, generalmente compuesto por versos que pueden estar estructurados de diversas maneras. Estos versos en algunos casos se organizan en estrofas de diversas formas. El poema es una de las formas literarias más compactas y por tanto se caracteriza por utilizar los recursos estilísticos del idioma de manera más intensa que otros géneros literarios. Entre los principios estructurales más importantes se suelen citar el ritmo y la rima, la composición estrófica, el lenguaje poético y la voz poética.

5-10 **¿Cómo se puede continuar?** Sugiere una forma para continuar este ensayo y escribir por lo menos cuatro párrafos adicionales.

5-11 Ahora hazlo tú. En un párrafo de unas quince a veinte líneas, escribe una definición de la palabra «novela» y enseguida haz un análisis de sus principales componentes. Si necesitas ayuda sobre este concepto, visita la página electrónica de *La escritura paso a paso* (http://www. prenhall.com/laescritura) y sigue los enlaces a esta actividad.

Estrategias expositivas: la organización y el funcionamiento

Como hemos dicho arriba, estas dos estrategias suelen utilizarse en combinación con el análisis, ya que este nos permite mostrar cuales son las partes o elementos que componen un determinado objeto o mecanismo, y la organización y el funcionamiento nos permiten ver cómo se relacionan esas partes entre sí o cómo funcionan dentro del todo.

5-12 Reconoce las estrategias usadas. Lee el siguiente texto, identifica en él las estrategias expositivas usadas y señala la parte del texto donde se usa cada una de ellas.

La Organización de Estados Iberoamericanos para la Educación, la Ciencia y la Cultura (OEI) es un organismo internacional en el que participan los 20 estados de América Latina —además de Guinea Ecuatorial de África, y España y Portugal de Europa— que conforman la comunidad de países iberoamericanos. El propósito principal de la OEI es el de fomentar el desarrollo de la educación y la ciencia dentro del contexto del desarrollo democrático de la región.

Los antecedentes de la OEI se remontan a 1949, cuando se celebró en Madrid el Primer Congreso Iberoamericano de Educación, seguido después por el congreso celebrado en Quito en 1954, y en 1957 se firmaron en Santo Domingo los primeros Estatutos de la Organización. En 1985 se celebró en Bogotá una reunión extraordinaria para cambiarle el nombre por el actual y, aunque se conservó la sigla de OEI, se ampliaron sus objetivos. Desde la reunión celebrada en Guadalajara en 1991, la OEI ha desarrollado una variedad de programas educativos, científicos, tecnológicos y culturales.

La Organización de Estados Iberoamericanos consta de tres organismos principales de gobierno, que son la Asamblea General, el Consejo Directivo y la Secretaría General. Estas tres instancias colaboran para llevar adelante la misión de la Organización.

La Asamblea General es la máxima autoridad de la organización y en ella están representados todos los países miembros por representantes de altísimo nivel. Esta instancia determina las políticas, el plan de actividades y el presupuesto. Además tiene la capacidad para nombrar al Secretario General.

El Consejo Directivo está integrado por los Ministros de Cultura de los países miembros y tiene por función gobernar y administrar la organización, así como preparar los congresos periódicos. El presidente de este organismo es el Ministro de Cultura del país donde se va a celebrar el próximo congreso.

La Secretaría General es el órgano ejecutivo de la OEI cuyo trabajo principal es administrar, dirigir y representar a la OEI en el cumplimiento de su misión. Internamente, la Secretaría se organiza a sí misma mediante comisiones que varían según los proyectos en que trabaja la Organización.

Nota. Este texto ha sido escrito sobre la base de información procedente de la página «¿Qué es la OEI?» de la Web de la Organización de Estados Iberoamericanos, http://www.oei.es/oei_es.htm, visitada el 23 de septiembre de 2006. La página no tiene fecha de publicación.

Estrategias expositivas: la clasificación

La estrategia expositiva de la clasificación implica hacer la lista de las diferentes clases que existen del objeto o entidad que nosotros tratamos de explicar o presentar. Pero recuerda que normalmente se clasifican los objetos según una o unas pocas de las características que poseen, y que las clasificaciones pueden resultar diferentes cuando se tiene como criterio una característica diferente. Por ejemplo, si nosotros definimos y analizamos la «planta» como un «ser orgánico vegetal que nace, crece, se reproduce y muere, pero no se mueve de un lugar a otro por voluntad propia, y cuyas partes principales son: raíz, tallo, ramas, hojas y, en algunos casos, flores» y queremos hacer una clasificación de las plantas que existen, podemos hacerlo, por ejemplo, según la forma de sus hojas y de esta manera obtenemos una clasificación, pero si escogemos hacerlo según la forma de la raíz, obtendremos una clasificación diferente.

5-13 **Clasifícalo tú.** Haz una clasificación de los siguientes conceptos según los criterios que se dan en la tabla.

Concepto	Criterio	Clasificación
Barco	Según su uso	1.
	Según su motor	2.
Perro	Según su destreza	3.
	Según su raza	4.
Cine	Según su país de origen	5.
	Según su género (*genre*)	6.

Estrategias expositivas: la comparación

En español comparar significa señalar tanto las semejanzas como las diferencias. Existe también la palabra contrastar, pero esta palabra alude únicamente al proceso de mostrar las diferencias, pero no las semejanzas. Por lo tanto, la estrategia comparativa nos exige mostrar tanto las características que dos objetos tienen en común cuanto aquellas que las diferencian. Esta estrategia nos es particularmente útil cuando queremos explicar algo que nuestro público no conoce, comparándolo con algo que nosotros suponemos que sí conoce. Imagina que tú viajas a un país extranjero y quieres explicarles a tus padres las frutas exóticas que has comido allí. Pues, una buena manera de hacerlo es comparándolas con otras que tus padres conocen. Esta fue la estrategia que usaron los cronistas de Indias, cuando trataban de explicar a sus lectores en España las realidades que habían encontrado en el Nuevo Mundo.

En el capítulo 2 hemos tratado sobre las formas de hacer comparaciones. Si necesitas ayuda, puedes referirte a él.

5-14 **Compáralos tú.**

Primera fase. Haz una lista de las características comunes y diferentes entre un documental y una película de ficción.

Características comunes	Características diferentes

Segunda fase. Ahora escribe un párrafo de unas cinco líneas comparando los dos géneros.

GRAMÁTICA APLICADA

Estrategias para exponer un tema

1. Las oraciones adjetivas o de relativo
a. El antecedente

Las oraciones de relativo son oraciones subordinadas que funcionan como un adjetivo y dependen de un sustantivo. Están introducidas por un pronombre relativo que a veces lleva artículo o una preposición (que, quien, el cual, en el que, del cual, etc.). El sustantivo del que dependen se llama **antecedente**. En un texto o discurso estas oraciones, llamadas también adjetivas, añaden detalles e información sobre el sustantivo del que dependen. Fíjate en los dos ejemplos:

Los barcos salieron del puerto el día dos de septiembre.

Los barcos que habían llegado a la isla cargados de joyas salieron el día dos de septiembre del puerto que recibió la mercancía.

En el segundo ejemplo se añade mucha información gracias a dos oraciones adjetivas: *que habían llegado a la isla cargados de joyas*, cuyo antecedente es *los barcos* y *que recibió la mercancía*, cuyo antecedente es *el puerto*.

Desde el punto de vista gramatical las oraciones de relativo funcionan igual que los adjetivos, por eso los **verbos** de estas oraciones **concuerdan** en número con sus antecedentes.

b. Oraciones especificativas y explicativas

Hay dos tipos de oraciones de relativo o adjetivas: las **especificativas** (o restrictivas) y las **explicativas**. Estas últimas suelen ir entre comas.

Las niñas que se encontraban en la casa en ese momento tuvieron que salir apresuradamente.

Las niñas, que se encontraban en la casa en ese momento, tuvieron que salir apresuradamente.

En el primer ejemplo el significado del antecedente está especificado (o restringido): Sólo las niñas que se encontraban en la casa en ese momento tuvieron que salir apresuradamente. Se entiende que algunas niñas no estaban en la casa en ese momento y por lo tanto no tuvieron que salir apresuradamente.

En el segundo ejemplo la oración de relativo explica algo que afecta a la totalidad del antecedente: todas las niñas se encontraban en la casa en ese momento.

c. Indicativo y subjuntivo con las oraciones adjetivas

Las oraciones adjetivas o de relativo pueden llevar el verbo en indicativo o en subjuntivo. Esto depende del antecedente. Cuando el antecedente es conocido o sabemos que existe, el verbo de la oración subordinada adjetiva va en indicativo.

El cuadro que estás pintando tiene colores muy intensos.
(antecedente: el cuadro; verbo en indicativo: estás pintando)
El cuadro que pintes para mi casa debe tener colores muy intensos.
(antecedente: el cuadro; verbo en subjuntivo: pintes)

En el primer caso el cuadro existe, el pintor lo está pintando ahora y el hablante lo está describiendo. En el segundo caso, el cuadro aún no existe y el hablante está expresando un deseo. Como veíamos en el capítulo 4, el subjuntivo tiene a menudo idea de futuro, lo cual refuerza la idea de algo que aún no existe o se desconoce.

d. Uso y abuso de las oraciones de relativo

Aunque las oraciones de relativo son útiles para añadir información en un texto, a veces son innecesarias y fácilmente sustituibles por adjetivos o por otras construcciones que ayudan a aligerar el texto. Por ejemplo:

Me parecen muy difíciles los idiomas que se hablan en países diferentes del nuestro → me parecen muy difíciles los idiomas extranjeros (se sustituye la oración de relativo por un adjetivo: extranjeros)

Las casas que hay en la montaña están hechas de madera → Las casas de la montaña están hechas de madera (se sustituye la oración de relativo por la preposición)

Los hombres que pescaban en el puerto tenían las redes rotas → Los pescadores del puerto tenían las redes rotas (se ha sustituido el antecedente y su oración adjetiva por un sustantivo: pescadores)

5-15 Identifica las oraciones adjetivas.

Primera fase. En el siguiente texto expositivo hay algunas oraciones de relativo que sirven para añadir y completar la información que se nos da a través de los sustantivos. Identifica estas oraciones subrayándolas con un marcador. Pon los antecedentes entre paréntesis.

El pelícano peruano o alcatraz es un ave que mide poco más de un metro. Es fácil de identificar porque tiene un pico que contiene una bolsa grande llamada bolsa gular. El pelícano, que es de color marrón o gris, tiene un cuello blanco en invierno que en verano se vuelve parcialmente negro. Se alimenta de peces que captura mientras nada. Es un ave muy social que suele volar en grupos de tres a diez individuos.

Segunda fase. Comprueba si alguna de las oraciones de relativo que has identificado se puede sustituir por un adjetivo u otra construcción equivalente con preposición.

5-16 Añade información. El texto siguiente necesita más detalles. Elabóralo convirtiendo la información entre paréntesis en oraciones de relativo.

La película *Mar Adentro* (la película es de un director español) (1) _____, trata del tema

de la eutanasia (éste es un tema muy polémico) (2) _____. La película está basada en un

hecho real (este hecho ocurrió en Galicia, al norte de España) (3) _____. Trata de un

hombre (este hombre se quedó tetrapléjico debido a un accidente) (4) _____. El hombre

vivió más de veinte años pidiendo que lo dejaran morir. Por fin, una mujer (la mujer estaba

enamorada de él) (5) _____ le ayudó a quitarse la vida.

2. Las construcciones impersonales (II)

En el capítulo 2 estudiamos las construcciones impersonales con **se**, mayormente utilizadas en los anuncios clasificados. Cuando exponemos un tema también debemos recurrir a menudo a construcciones impersonales para dar la impresión de objetividad y de que lo que se expone se basa en datos avalados por la investigación, la reflexión o la aceptación general. Para conseguir esa impresión de objetividad tenemos en español varios recursos además de las construcciones con **se**. Estos son los siguientes: (a) El impersonal «uno» y el plural mayestático; (b) Juicios de valor de carácter impersonal: es importante, es conveniente, etc.; y (c) La voz pasiva.

a. El impersonal «uno» y el plural mayestático

Uno puede usarse como un pronombre indefinido o indeterminado para sustituir al **yo** que en un discurso objetivo puede resultar demasiado enfático o egocéntrico. Es una fórmula genérica y anónima que tiene, además, la intención de hacer partícipe al oyente o lector.

> Hoy en día **uno** ya no sabe qué pensar.
> *Nowadays one doesn't know what to think anymore.*

Al ser una fórmula genérica, la utilización del masculino singular es correcta, sin embargo, es también frecuente la utilización de **una** en textos escritos por mujeres.

> **Una** ya no está para creerse todo lo que le cuentan.
> *One [A woman] can no longer believe everything they tell her.*

En cualquier caso, todos los elementos de la oración deben concordarse con este pronombre en tercera persona del singular.

> **Una** ya no **está** para **creerse** todo lo que **le** cuentan.

En un texto expositivo no siempre es recomendable utilizar este pronombre ya que su carácter informal es más apropiado para el lenguaje coloquial. En este caso es fácil sustituirlo por una construcción con **se**.

> **Uno piensa** que el lince ibérico está en proceso de extinción, sin embargo, es posible que en pocos años se puedan devolver a la naturaleza los ejemplares que han sido criados en cautiverio.

> **Se piensa** que el lince ibérico está en proceso de extinción, sin embargo, es posible que en pocos años se puedan devolver a la naturaleza los ejemplares que han sido criados en cautiverio.

Se llama **plural mayestático** al uso de **nosotros** en lugar de **yo** en un escrito o en una presentación oral. Este uso del plural que representa a un sujeto singular se llama también **plural de modestia** y es una forma de diluir la responsabilidad o el protagonismo que recae sobre el yo al hablar de uno mismo o al dar una opinión. También es una forma de involucrar a los lectores o al público. En un discurso político es corriente encontrar expresiones como la siguiente:

Nosotros creemos que es muy importante votar a favor de esta ley.

También es frecuente el uso del posesivo plural en la siguiente expresión:

En nuestra opinión, es necesario tomar medidas para proteger a los animales.

Este plural se utiliza naturalmente en una carta o en un anuncio en el que el escritor representa a una corporación o a una empresa.

Ofrecemos el mejor servicio al mejor precio.

Sin embargo, no debe utilizarse en una narración cuando el protagonista o el sujeto de la narración es el yo.

b. Juicios de valor de carácter impersonal

Hay una serie de expresiones de carácter impersonal que se utilizan mucho en la exposición y que permiten transmitir opiniones pero también deseos, emociones o recomendaciones. Estas expresiones van seguidas de **que** y una oración subordinada con el verbo en **subjuntivo**.

Es necesario
Es bueno
Es importante
Es lógico   } + que + verbo en subjuntivo
Es triste
Es recomendable
Es mejor
…

Es admirable que Pedro **tenga** tanta fuerza a sus ochenta años.

Es lógico que los niños **lean** los libros que les recomiendan en la escuela.

Cuando el sujeto de la oración subordinada no se especifica, estas expresiones impersonales van seguidas de infinitivo.

Es importante llegar pronto al estadio de fútbol.

c. La voz pasiva

En español el uso de la voz pasiva es mucho menos frecuente que en otros idiomas. Aunque desde el punto de vista gramatical las oraciones en pasiva sean correctas, en general, se prefieren las construcciones en voz activa, sobre todo en el lenguaje oral. Las oraciones de pasiva se construyen con el verbo **ser** y un **participio** que concuerda en género y número con el sujeto que recibe o padece la acción.

Carmen **vende** este coche. (activa)

Este coche **es vendido por** Carmen. (pasiva)

En el lenguaje escrito las construcciones en pasiva son más comunes que en el lenguaje oral. Su uso depende del énfasis que se le quiere dar al objeto sobre el que recae la acción, llamado en términos gramaticales **sujeto paciente**.

La Asociación Geográfica Española (sujeto paciente) fue fundada en 1997 por un grupo de viajeros y geógrafos.

En la oración anterior el énfasis recae en La Asociación Geográfica Española. Si quisiéramos cambiar el punto de vista convertiríamos esta oración en activa.

Un grupo de viajeros y geógrafos fundó la Asociación Geográfica Española.

Ahora el énfasis está en el grupo que fundó la Asociación.
Por otro lado, cuando no se quiere especificar el sujeto podemos usar la voz pasiva como en el ejemplo siguiente.

Todas las casas **fueron vendidas** en pocos días (no se especifica quién vendió las casas).

Pero en este caso, incluso en el lenguaje escrito es más frecuente la llamada pasiva refleja que se construye con **se**.

Todas las casas **se vendieron** en pocos días.

5-17 **¡Ojo con los accidentes de tráfico!** La Dirección General de Tráfico ha sacado el siguiente comunicado animando a los conductores a cumplir las normas para aumentar su seguridad. Transforma las expresiones subrayadas y elimina los sujetos innecesarios para hacer que el anuncio sea más objetivo e impersonal.

Yo creo conveniente (1) que todos los ciudadanos sean conscientes de que es un peligro ir en el coche sin el cinturón de seguridad abrochado. Recomiendo (2), además, que los ciudadanos cumplan las normas de la circulación. El año pasado la policía atendió a 309 heridos (3) en la carretera. Las ambulancias llevaron a los heridos (4) a los hospitales y algunos de ellos aún están graves. El número de muertes también fue alto el año pasado. Creo necesario (5) que se reduzcan estos números este año y, por eso hemos adoptado las nuevas medidas de seguridad.

5-18 **En busca de la objetividad.** El siguiente párrafo es el principio de una exposición. Sin embargo, hay elementos que hacen que este párrafo sea demasiado subjetivo. Corrígelo eliminando lo superfluo y haciendo los cambios que sean necesarios.

Quiero destacar en este ensayo que el cerebro es un órgano que controla nuestras emociones. Yo sé que hay sustancias que crean adicción amorosa y otras que producen sentimientos adversos, como el odio. Además he aprendido que el cerebro actúa emocionalmente ante el peligro. Por ejemplo, si yo voy por el bosque y veo una serpiente, mis ojos envían esta información a una parte de mi cerebro llamada tálamo, pero esta parte del cerebro no puede distinguir si lo que mis ojos han visto es una serpiente o una rama. La información proviene de otra parte del cerebro, la corteza cerebral occipital. Sin embargo, el tálamo no espera la respuesta sino que da la orden al cuerpo para poner en marcha una respuesta emocional de huida, por si acaso fuera una serpiente, y yo doy un salto. Una fracción de segundo más tarde, llega la información de la corteza: era una rama, no una serpiente. Entonces mi cuerpo se relaja. Lo que yo pienso es que si nuestras respuestas emocionales son tan impulsivas, muchas veces actuamos sin pararnos a pensar en las consecuencias.

Estrategias para expresar opiniones

Expresar una opinión es fácil. Sostener, argumentar y defender una opinión es algo más difícil. Fíjate en el siguiente diálogo:

A: Me gustan mucho las novelas de detectives.

B: A mí no. Prefiero las novelas históricas.

A: Pues yo creo que las novelas históricas son aburridas.

B: En mi opinión, las novelas de detectives son más aburridas.

A y B están opinando sobre dos tipos de literatura, sin embargo, estas opiniones están simplificadas al mínimo. La única conclusión que podemos sacar es que A y B tienen preferencias distintas o gustos diferentes en cuestiones de literatura. No sabemos casi nada del por qué de estas preferencias. Este diálogo será mucho más interesante si A y B añaden detalles y razones que justifiquen sus preferencias. Observa el diálogo otra vez.

A: Me gustan mucho las novelas de detectives porque suelen tener una intriga interesante y mantienen la atención del lector con el suspense de la acción. Además, las novelas de detectives, por lo general, están escritas en un lenguaje sencillo porque lo que importa son las cosas que pasan y las pistas que van diseminándose para que el lector las recoja y crea que ha encontrado la clave del misterio.

B: Precisamente, ese lenguaje sencillo es una de las cosas que a mí no me gusta de las novelas de detectives. Creo que en general los autores de estas novelas no se esfuerzan por crear un producto literario de calidad. Lo único que les importa es ganar dinero rápidamente a costa de unos lectores que sólo se interesan por el misterio y no por cómo se describen las situaciones. Además, casi todas las novelas de detectives utilizan unos clichés que ya están muy vistos, como el del detective inteligente, buen vividor, seductor de mujeres, al cual la buena suerte le saca siempre de apuros. Prefiero las novelas históricas que, al menos, se esfuerzan por recrear una época con todo lujo de detalles y de las cuales siempre puedes aprender algo útil.

A: Pues yo creo que las novelas históricas son aburridas porque hablan de tiempos muy lejanos al que vivimos y, por lo general, de personajes que ya están muertos. No veo qué interés puede tener el utilizar personajes y situaciones del pasado y recrear un ambiente que, aunque el autor esté muy documentado, probablemente no se ajuste a la realidad. Además, opino que los autores de novelas históricas se inventan muchas cosas que contribuyen a crear confusión entre lo que de verdad ocurrió y lo que podría haber ocurrido pero no ocurrió.

B: En mi opinión las novelas de detectives son más aburridas porque los personajes son ficticios y las situaciones son inverosímiles en su mayor parte. Además, casi todas las novelas de detectives siguen el mismo patrón, es decir, el de un detective que va reuniendo pistas hasta que al final aclara la historia. Creo que es una forma muy burda de simplificar las cosas. La realidad es mucho más complicada que eso.

A las expresiones que indican gustos o preferencias se han incorporado en el diálogo anterior muchos elementos que sirven para enriquecer la expresión de una opinión. Desde el punto de vista gramatical, estos elementos son los siguientes:

1. Verbos y expresiones de opinión. Ejemplos: creo que, no veo, opino que, en mi opinión, etc.
2. Oraciones subordinadas causales introducidas por **porque**. Ejemplos: porque suelen tener una intriga interesante; porque hablan de tiempos muy lejanos al que vivimos; etc.
3. Oraciones subordinadas adjetivas introducidas por **que** u otro pronombre de relativo. Ejemplos: una de las cosas que a mí no me gustan de las novelas de detectives; …unos clichés que ya están muy vistos…; … al cual la buena suerte saca siempre de apuros.
4. Conectores: además, por lo general, precisamente, al menos, etc.

5-19 **Construye tu opinión.** A partir de las siguientes opiniones sencillas construye opiniones más elaboradas con oraciones causales y de relativo. Para ello puedes transformar las oraciones descriptivas que hay dentro de la caja o usar otras que se te ocurran. Elimina las palabras que sobren y añade los conectores que necesites.

Modelo: A mí me gusta mucho Nueva York porque es una ciudad grande y muy dinámica en la que hay más posibilidades de encontrar trabajo. Además, hay museos excelentes y una oferta cultural muy grande.

Es una ciudad muy dinámica	Siempre tienes que hacer colas
Hay mucha gente	Es ruidosa y está contaminada
Hay una oferta cultural muy grande	Hay más posibilidades de encontrar trabajo
Allí viven personas muy famosas	Los pisos son carísimos
Puedes mantener tu independencia	Las tiendas están abiertas siempre
Hay museos excelentes	La arquitectura es espectacular
La criminalidad es más alta que en otros lugares	

1. Me gusta mucho Nueva York.
2. A mí no me gusta Nueva York.

5-20 **¿Tú qué opinas?** Expresa tu opinión sobre los temas siguientes escribiendo un párrafo para cada uno que incluya al menos dos oraciones de relativo y dos oraciones causales.

1. El béisbol
2. Viajar
3. Aprender idiomas
4. Los exámenes
5. La música latina
6. La medicina alternativa

⁇ Estrategias para recomendar o aconsejar: el subjuntivo (II)

Para hacer recomendaciones o dar consejos utilizamos oraciones compuestas por una oración principal, que tiene un verbo de recomendación (recomendar, aconsejar, etc.) o una expresión impersonal del tipo ser + adjetivo + que (es bueno que, es aconsejable que, etc.) y una oración subordinada con el verbo en **subjuntivo**. Por ejemplo:

>Te recomiendo que **estudies** más.

>Es aconsejable que **vengas** al hospital más a menudo.

En el pasado se utiliza el imperfecto de subjuntivo en la oración subordinada.

>Te recomendé que **estudiaras** más.

>Era aconsejable que **vinieras** al hospital más a menudo.

A veces se sustituye la oración subordinada por un **infinitivo**. Por ejemplo, cuando la recomendación es de carácter general, o cuando no está especificado el sujeto de la subordinada al que va dirigida la recomendación.

>Es bueno **hacer** algo de ejercicio todos los días.

>Es recomendable **protegerse** contra el sol.

5-21 **¿Qué me recomiendas?** Tu mejor amigo/a del extranjero y sus padres van a venir a visitar tu país. Escríbeles una breve carta con tus consejos y recomendaciones sobre los siguientes puntos. Especifica lo que recomiendas a tu amigo y lo que recomiendas a sus padres y por qué.

1. Lugares que deben visitar
2. Fechas o época del año más apropiadas para la visita
3. Ropa que deben traer
4. Comida que deben probar
5. Cosas que deben hacer

Modelo de oraciones: A tus padres les recomiendo que vayan a Boston para ver el museo de arte porque tiene una colección muy buena. A ti te aconsejo que traigas el traje de baño porque algún día iremos a la playa.

5-22 **Eres el/la consejero/a.** Has ganado un concurso para ser consejero oficial de tu comunidad. Haz una lista de los problemas que afectan a esta comunidad, ciudad o región y escribe una carta al alcalde (*mayor*) y su gobierno aconsejando o recomendando formas para solucionarlos. En la caja encontrarás algunas ideas sobre los temas con los que se pueden relacionar algunos de estos problemas.

transporte	medioambiente	educación
lugares de diversión	violencia callejera o inseguridad	...

CAPÍTULO

6

La argumentación

HISTORIA Y CULTURA

La argumentación es un proceso discursivo mediante el cual se confrontan proposiciones contrarias o contradictorias, cada una de las cuales es defendida como cierta. La argumentación, que puede ocurrir verbalmente con los participantes presentes, y entonces recibe el nombre de **debate**, también ocurre con mucha frecuencia por escrito. La argumentación escrita es uno de los más importantes mecanismos en la producción de conocimientos y forma parte de la cultura científica desde la época clásica. Efectivamente, la argumentación por escrito forma parte esencial de las primeras reflexiones filosóficas y científicas, que se adelantaron en la Grecia Antigua, y desde entonces, textos como el *Poema ontológico* de **Parménides**, los diálogos de **Platón** y las obras de **Aristóteles**, forman parte de una larguísima discusión en la que han intervenido las más importantes escuelas de pensamiento de la cultura occidental.

Uno de los aspectos más relevantes del pensamiento griego tiene que ver, precisamente, con su reflexión sobre la argumentación. La cultura griega se planteó con toda seriedad el problema de cómo discutir, y trató de dar respuesta a preguntas tales como en qué consiste un razonamiento válido, cómo se puede validar la evidencia que se ofrece en apoyo de una afirmación determinada y cómo se puede discutir de la manera más eficaz para convencer al oponente, o para rebatir las objeciones que se hacen a nuestros argumentos.

La tradición griega de reflexionar sobre la argumentación se continuó durante la Edad Media y cuando se empezaron a establecer las universidades, el currículo del primer ciclo de estudios consistía en lo que se llamaba el *trivium*, o tres vías. El *trivium* incluía el estudio de la **gramática**, o arte de la lectura y la escritura; la **lógica**, o arte del razonamiento válido; y la **retórica**, o arte de la eficacia en la comunicación. Estas tres «artes» tenían por objeto, precisamente, dar al estudiante el dominio de la argumentación. Una vez terminado el *trivium*, el estudiante pasaba al segundo ciclo universitario, cuyo currículo, el *quadrivium*, o cuatro vías, incluía el estudio de la **aritmética**, o ciencia de los números; la **geometría**, o ciencia de las formas; la **música**, o ciencia del sonido o del «número en movimiento»; y la **astronomía**, o ciencia del tiempo o de la «forma en movimiento». Estas cuatro «ciencias» daban al estudiante los instrumentos para conocer el mundo. Finalmente, los estudios más avanzados, a los que se accedía una vez terminado el *quadrivium*, se concentraban en la **filosofía** y la **teología**.

6-1 **La universidad.** En vista de lo leído, ¿qué semejanzas o diferencias encuentras entre la universidad medieval y la universidad moderna? Escribe un breve párrafo comparándolas.

6-2 **¿Qué es todo esto?** Relaciona cada elemento de la columna de la izquierda con un elemento de la columna de la derecha.

1. Trivium
2. Quadrivium
3. Retórica
4. Matemáticas
5. Lógica
6. Gramática

a. Arte del estudio de las normas del razonamiento.
b. Parte del quadrivium.
c. Parte inicial del currículo en la universidad medieval.
d. Parte del trivium.
e. Arte de la comunicación eficaz.
f. Grupo de cuatro materias que constituía el currículo avanzado de la universidad medieval.

La inducción y la deducción: su relación con las ciencias

Los griegos describieron dos tipos diferentes de inferencia, la **deducción** y la **inducción**. La deducción parte de afirmaciones de carácter general o **universal** para llegar a una conclusión de carácter **particular**, en tanto que la inducción procede a partir de afirmaciones de carácter particular para llegar a una conclusión de carácter universal.

Más allá de esta diferencia entre estos dos procesos lógicos, sin embargo, existen otras. Así, por ejemplo, una de las características de la deducción es que la verdad de sus premisas nos permite *asegurar* la verdad de su conclusión. Es decir que si seguimos los procedimientos válidos de la deducción y si las premisas son verdaderas, podemos hacer inferencias de un altísimo grado de corrección, ya que ningún dato que se aporte con posterioridad puede cambiar la validez de la conclusión. Por ejemplo, si decimos que «Todos los humanos son mortales», una afirmación de carácter universal sobre cuya corrección no hay ninguna duda, y luego decimos que «Sócrates es humano», una afirmación sobre la cual tampoco existe ninguna duda, podemos concluir, con una total seguridad que «Sócrates es mortal». Ningún dato que obtengamos posteriormente sobre los humanos o sobre Sócrates, podrá hacer cambiar la validez de dicha conclusión.

En cambio, la inducción nunca produce conclusiones de igual grado de seguridad. Si las premisas son verdaderas, y si seguimos el procedimiento inductivo válido, la inducción nos proporciona una conclusión que *probablemente* es verdadera. Así, por ejemplo, cuando una persona observa que si suelta una manzana desde una altura, la manzana cae al suelo, y luego observa que lo mismo ocurre cuando suelta un zapato, y que lo mismo ocurre cuando suelta una pera, puede concluir mediante un proceso de inducción que «todos los objetos caen al suelo cuando se los suelta desde una altura». Pero como, efectivamente, no ha dejado caer todos los objetos existente, no se puede descartar la posibilidad de que más adelante se encuentre que hay al menos un objeto que no cae al suelo cuando se lo suelta desde una altura, y en este caso habría que cambiar la conclusión a esta inferencia inductiva.

De otra parte, diferentes disciplinas científicas han demostrado históricamente una preferencia por la inducción o por la deducción. Así, por ejemplo, la deducción ha tenido siempre una gran importancia en las ciencias de carácter más **teórico**, tales como las matemáticas o la filosofía, en tanto que la inducción se ha preferido tradicionalmente en las ciencias **empíricas**, tales como la física y otras ciencias naturales y humanas.

6-3 **¿Deducción o inducción?** Clasifica los siguientes razonamientos marcando con una señal en la casilla correspondiente.

1. La suma de los ángulos internos de cualquier triángulo es de 180°. Un triangulo rectángulo es aquel que tiene un ángulo de 90°. Por lo tanto los otros dos ángulos de cualquier triángulo rectángulo suman 90°.	A. ☐ Inducción B. ☐ Deducción
2. Mi partido político tenía 80.000 votos de ventaja cuando habían contado el 20% de los votos. Cuando habían contado el 50% de los votos, mi partido llevaba 10.000 votos de ventaja. Ahora, cuando han contado el 75% de los votos, mi partido va perdiendo por 15.000 votos. Desafortunadamente, mi partido va a perder las elecciones.	A. ☐ Inducción B. ☐ Deducción
3. Todas las personas se pueden clasificar en ricas o pobres. Pedro no es rico. Por lo tanto, Pedro es pobre.	A. ☐ Inducción B. ☐ Deducción
4. El 60% de los hombres fuman. Juan es un hombre. Por lo tanto, es probable que Juan fume.	A. ☐ Inducción B. ☐ Deducción
5. Yo soy pobre. Mi hermano mayor es pobre. Mi padre es pobre. Mi madre es pobre. Mi abuelo paterno es pobre. Por lo tanto se puede decir que toda mi familia es pobre.	A. ☐ Inducción B. ☐ Deducción
6. Si Marta se enamora de mí, me casaré con ella. Ocurre que Marta está enamorada de mi amigo Enrique. Por lo tanto, nunca me casaré con Marta.	A. ☐ Inducción B. ☐ Deducción

La cultura de la discusión cotidiana

Cada sociedad ha desarrollado normas diferentes sobre lo que se considera una discusión «civilizada». Las antiguas ciudades griegas tenían una plaza principal llamada **ágora**, donde la gente se reunía a discutir sobre temas de interés común o personal. En Londres existe un lugar llamado «Speakers' Corner» donde los domingos acude una multitud de personas a presentar argumentos a favor o en contra de todo tipo de temas. El mundo hispánico tiene una larga tradición de discusiones informales que se llevan a cabo, muchas veces, en bares, cafés o plazas. Tanto en España como en otros países hispánicos existe la rica tradición de reuniones en bares y cafés donde un grupo de personas se reúnen con el propósito de discutir sobre lo divino y lo humano. Estas reuniones se conocen con el nombre de **tertulias**. En estas tertulias se discuten una gran variedad de temas que van desde la literatura a la política, pasando por el sexo, la religión, los deportes, la moral y cualquier otro tema, no importa qué tan controvertible o espinoso pueda ser.

Estas discusiones informales y «callejeras» forman un aspecto vital y divertido de la cultura hispánica, que en muchos países se ha extendido, inclusive a manifestaciones musicales, como son, por ejemplo, las coplas de los *joropos* de los Llanos de Venezuela y Colombia, o las letras de algunos *vallenatos* de la costa atlántica de Colombia, o de algunas *vidalitas* argentinas, en algunas de las cuales dos oponentes discuten cantando para ver quien puede dar la respuesta más original y contundente a su opositor. En general, se puede decir que en estas discusiones informales, casi cualquier argumento es válido, incluyendo el chiste o el ataque personal para desprestigiar al oponente. Pero al mismo tiempo, no suelen tener consecuencias adversas sobre la amistad de las personas que participan en ellas, y los contertulios se siguen reuniendo semana tras semana, en el mismo café a la misma hora, para seguir divirtiéndose con sus discusiones sin fin.

Quienes no han tenido mucho contacto con la cultura hispánica se suelen sorprender por las discusiones a todo volumen, las gesticulaciones fuertes y enfáticas, y el tono, en general, apasionado de muchas discusiones informales, y piensan que las personas que se gritan de esa manera, seguramente se estarán peleando, cuando en realidad, se están divirtiendo de lo lindo.

6-4 **¿Cuándo se discute en tu entorno?** Identifica y explica algunas de las ocasiones en las que se suelen tener discusiones informales en tu entorno cultural. Explica cuáles son los temas preferidos, cuáles son tabú y cuáles son los límites aceptables.

EL ARTE DE ESCRIBIR UN ENSAYO ARGUMENTATIVO

Estrategias para persuadir: la definición del tema de discusión

Con demasiada frecuencia nos vemos envueltos en discusiones informales en las que después de media hora de argumentar, comprendemos que estamos hablando de dos cosas diferentes. Por ello es de fundamental importancia, particularmente cuando se trata de un ensayo argumentativo académico, que dediquemos tiempo y energía a definir el tema de la discusión. Ya desde la antigüedad, la retórica encontró que existen muy pocas causas para entrar en desacuerdo e iniciar una polémica, y este es un hecho que nos puede ayudar a definir nuestra argumentación. En efecto, tradicionalmente se han reducido a cuatro las razones para polemizar.

a. Discusión sobre hechos y sus circunstancias

En primer lugar, se puede estar en desacuerdo acerca de si algo existe o no, o sobre las circunstancias que rodean un hecho determinado. Así por ejemplo, dos personas pueden entrar en una discusión sobre si Nessie, el legendario monstruo de Loch Ness, existe o no. Pero también podrán discutir sobre quién lo ha visto, cuándo, dónde, etc. Esta es, con frecuencia, la discusión que se ofrece en las novelas de detectives, o la que se lleva a cabo en el juicio de algún delito. Es posible que los dos oponentes, el fiscal y el defensor, se pongan de acuerdo sobre los hechos: el 11 de julio apareció muerto con un puñal un hombre en la Calle de los Ladrones. Pero aún así pueden estar en desacuerdo sobre las circunstancias que rodean ese hecho: ¿quién lo mató?, ¿cuándo?, ¿dónde?, ¿por qué?, ¿cómo? Al formular nuestra argumentación, debemos concentrarnos en mostrar no solamente si el hecho sobre el que argumentamos es **posible**, sino también queremos mostrar que sea **probable**, ya que aunque sabemos que es posible viajar a la luna y regresar a la tierra, es muy improbable que yo me haya pasado el fin de semana en la luna. Si no encontramos **pruebas contundentes** (el cuchillo tenía las huellas digitales del acusado; los resultados positivos de una prueba de ADN), entonces debemos buscar **indicios** o señales indirectas de que el hecho ha ocurrido o que ha ocurrido como nosotros alegamos. Otro elemento importante para tener en cuenta al discutir sobre hechos y sus circunstancias es el **motivo**, es decir, si existen razones claras para que alguien haya actuado de una manera determinada. Con frecuencia, tales razones tienen que ver con el beneficio personal. Así, por ejemplo, es probable que el propietario de un hotel a la orilla de Loch Ness esté dispuesto a defender la existencia de Nessie, porque puede obtener un claro beneficio, o como ocurre en las películas de detectives, tenemos que preguntarnos quién se beneficia con la muerte del asesinado. Al plantear nuestra discusión, por lo tanto, debemos tener cuidado de enfocarla con claridad en uno de estos aspectos.

b. Discusión sobre definiciones

En segundo lugar, podemos discutir si algo que ocurre es lo que decimos que es, o es otra cosa. Estamos de acuerdo en que hay «algo» en Loch Ness, pero ¿es Nessie un monstruo? ¿Es un fenómeno óptico? ¿Qué nombre describe mejor eso que hay en Loch Ness? Si entramos en una discusión sobre la ayuda externa, uno de los oponentes puede decir que «la ayuda externa es un acto de filantropía y solidaridad desinteresada por parte de los países ricos», mientras que el contrario puede responder que «la ayuda externa es solamente un instrumento más para la dominación de los países pobres por parte de los países ricos». En este tipo de discusión, no se duda de la existencia de la ayuda exterior, sino de la definición que mejor le conviene: filantropía o instrumento de dominación.

c. Discusión sobre valoraciones

En tercer lugar, se puede discutir sobre la valoración de un hecho determinado. En este caso la discusión se centra sobre cómo se valora el hecho: si nos gusta o no nos gusta; si nos parece moral o inmoral; justificado o no; provechoso o inútil. Por ejemplo, dos personas pueden discutir sobre los programas de deporte de alta competición en las universidades, y centrar su discusión sobre la valoración de dichos programas: si producen beneficios o no. Si dos personas discuten sobre la valoración de los programas para dar anticonceptivos en las escuelas secundarias, una de ellas puede sostener que son inmorales mientras que la otra puede defender la idea de que evitan muchos males a jóvenes cuyas vidas podrían verse rotas por causa de un embarazo evitable.

d. Discusión sobre acciones

Finalmente, podemos discutir sobre la acción, es decir, sobre lo que conviene hacer o sobre la mejor manera de actuar en determinadas circunstancias. Esta es, casi por excelencia, la discusión política, donde los participantes discuten sobre qué hay que hacer para salvar la seguridad social, o sobre cómo actuar frente a la inmigración ilegal, o cuál es la mejor manera de actuar frente a un dictador en un país vecino al nuestro.

6-5 **¿Sobre qué se discute?** Marca en la casilla apropiada la opción qué más convenga en cada caso.

Discusión	Tipo
1. DIEGO: Mami, ¡Carlos me pegó una patada! CARLOS: Mentira, ¡Ni siquiera lo toqué!	A. ☐ Sobre hechos B. ☐ Sobre definiciones C. ☐ Sobre valoración D. ☐ Sobre acciones
2. CARLOS: Mami, no es justo que dejes a Diego ver televisión a esta hora. MAMI: Sí es justo, porque a ti te dejé ver televisión ayer.	A. ☐ Sobre hechos B. ☐ Sobre definiciones C. ☐ Sobre valoración D. ☐ Sobre acciones
3. CARLOS: Mami, ¡Diego me pegó una patada! DIEGO: Mentira. Sólo lo toqué suavemente con la punta del zapato.	A. ☐ Sobre hechos B. ☐ Sobre definiciones C. ☐ Sobre valoración D. ☐ Sobre acciones
4. MAMI: El próximo fin de semana nos vamos de camping a la montaña. CARLOS: ¡Qué aburrido! ¿Por qué no nos quedamos en casa tranquilamente o vamos a ver la *Guerra de las galaxias*?	A. ☐ Sobre hechos B. ☐ Sobre definiciones C. ☐ Sobre valoración D. ☐ Sobre acciones
5. Quiero recordarles, señores y señoras del jurado, que el acusado fue visto en los alrededores del lugar del crimen unos pocos minutos antes y unos minutos después del crimen.	A. ☐ Sobre hechos B. ☐ Sobre definiciones C. ☐ Sobre valoración D. ☐ Sobre acciones
6. «El EZLN refrenda su compromiso de defender, apoyar y obedecer a las comunidades indígenas zapatistas que lo forman y son su mando supremo, y, sin interferir en sus procesos democráticos internos y en la medida de sus posibilidades, contribuir al fortalecimiento de su autonomía, buen gobierno y mejora de sus condiciones de vida. O sea que lo que vamos a hacer en México y el mundo, lo vamos a hacer sin armas, con un movimiento civil y pacífico, y sin descuidar ni dejar de apoyar a nuestras comunidades.» (Ejército Zapatista de Liberación Nacional. *Tercera declaración de la selva Lacandona.*)	A. ☐ Sobre hechos B. ☐ Sobre definiciones C. ☐ Sobre valoración D. ☐ Sobre acciones
7. Mucho se ha discutido si las historias entremezcladas en *El Quijote* son novelas o no lo son; o si la idea de incluir narraciones breves que interrumpen una narración más larga es una idea original de Cervantes o no lo es. Estas discusiones, sin embargo, son irrelevantes porque lo que hay que determinar es si estos textos tienen algún valor literario y si su inclusión en *El Quijote* fue un acierto o un fallo.	A. ☐ Sobre hechos B. ☐ Sobre definiciones C. ☐ Sobre valoración D. ☐ Sobre acciones

8. El senador Smith defiende la construcción de cinco nuevas centrales nucleares y sostiene que estas plantas son la solución al déficit energético del país. Es necesario responderle al senador que las centrales nucleares nunca han sido solución de nada, pero en cambio sí han causado el mayor problema de basuras indestructibles que se haya visto en la historia de la humanidad.	A. ☐ Sobre hechos B. ☐ Sobre definiciones C. ☐ Sobre valoración D. ☐ Sobre acciones

6-6 **Escríbela tú.** Escribe cuatro párrafos breves, siguiendo el modelo de los que hay en el ejercicio anterior. Uno de ellos debe centrar una discusión sobre hechos; otro sobre definiciones, uno más sobre valoraciones y el último sobre acciones.

GRAMÁTICA APLICADA

Estrategias para persuadir: las oraciones exhortativas

Se llaman oraciones exhortativas aquellas que tratan de influir en un posible lector para que haga o deje de hacer algo mediante palabras, razones o ruegos. Este tipo de oraciones son muy frecuentes en el lenguaje de la publicidad y en los textos argumentativos.

1. El imperativo

Al igual que el indicativo o el subjuntivo, el imperativo es un modo verbal, es decir, una categoría gramatical del verbo que se expresa mediante la conjugación y que denota una actitud del hablante ante lo que se dice. El imperativo sirve, por lo general para dar órdenes o recomendaciones imperiosas.

Ejemplos: **Cómprate** un coche como éste. No te arrepentirás.

Vuelvan mañana.

El imperativo apela directamente al oyente o al lector y, por eso, en la conjugación, sólo existen las formas que se refieren a la segunda persona del singular o del plural. En las oraciones negativas y en el plural las formas del imperativo son las mismas que las del subjuntivo.

No fumes (imperativo)*.

Te prohíbo que fumes (subjuntivo).

Vengan a verme todos los días (imperativo).

Espero que vengan a verme todos los días (subjuntivo).

---

*Para las formas del imperativo ver el apéndice en la página 111–117.

2. El subjuntivo (III)

Se utiliza en oraciones subordinadas que dependen de una oración principal cuyo verbo expresa una orden o mandato, un ruego o una prohibición. Si el verbo de la oración principal está en presente de indicativo, el de la subordinada está en presente de subjuntivo, y si el de la principal está en pasado, el de la subordinada está en imperfecto de subjuntivo*.

Te ordeno que **seas** más cuidadoso con tus cosas.

Le rogué a Marisa que **viniera** conmigo.

Te prohíbo que **vuelvas** a casa tan tarde.

6-7 **¡Esto es una orden!** El siguiente texto es un escrito que el ayuntamiento (*town hall*) quiere colocar por las paredes de las calles de tu ciudad para que la gente tenga más respeto por los lugares públicos. Te han encargado que transformes las oraciones que puedas en mandatos para que sean más eficaces al llamar la atención de los ciudadanos.

Los jardines y los parques son de todos. Ustedes deben respetar los jardines. No deben tirar los papeles al suelo ni ensuciar el césped. Deben tirarlos a la papelera. No deben dejar los perros sueltos y deben recoger los excrementos. Deben cuidar los bancos y no estropearlos con pintadas. Tampoco hay que llenar las paredes con graffiti ni pegar afiches. Deben cuidar las fuentes y no malgastar el agua.

6-8 **Equivalencias.** Rellene los huecos con el tiempo verbal en subjuntivo que corresponde.

Ayer tuve un pequeño accidente que me obligó a estar inmovilizada todo el día mientras me

recuperaba de una lesión en el pie, por eso, tuve que pedir ayuda a muchas personas. A mi

secretaria le ordené que (1) _____ (cancelar) mis reuniones menos importantes. Al chófer

de mi empresa le rogué que (2) _____ (venir) a mi casa para llevarme al trabajo por unas

horas. Desde allí hice muchas llamadas y solucioné muchos problemas. A nuestro cliente más

_____

*Ver el apéndice para la conjugación de los verbos en subjuntivo.

importante le pedí que (3) _____ (almorzar) juntos en mi despacho para hablar de las

últimas transacciones. Cuando volví a casa le pedí a mi vecina que me (4) _____ (regar) las

plantas y que (5) _____ (alimentar) a mis animales. Ella está acostumbrada porque cuando

me voy de viaje siempre le pido que (6) _____ (ocuparse) de la casa. Por la noche le rogué a

mi mejor amiga que (7) _____ (venir) a mi casa para ayudarme. Ella llamó a una pizzería y

solicitó que (8) _____ (traernos) una pizza. Después me ayudó a acostarme.

6-9 **Las órdenes del jefe.** Tienes que salir precipitadamente de viaje por cuestiones de trabajo y no te ha dado tiempo de decir a los empleados de tu empresa de publicidad lo que tienen que hacer durante tu ausencia. Escribe un email a tu asistente especificando tus órdenes. En el recuadro tienes la lista de cosas que hay que hacer.

Jose Carlos, el diseñador: preparar el nuevo anuncio publicitario

Ana María, la editora: corregir las pruebas del texto publicitario

Tomás, el fotógrafo: ponerse de acuerdo con el técnico de luces para conseguir los focos

Elisa, la encargada de relaciones públicas: contratar a los modelos para la sesión de fotos

Lorena, la gerente: negociar el acuerdo con los medios de comunicación

---

Estrategias para confrontar argumentos

1. Las oraciones adversativas

Los argumentos opuestos o parcialmente opuestos se pueden expresar a través de las oraciones coordinadas adversativas. Las adversativas no se subordinan a una oración principal sino que expresan significados parcial o totalmente opuestos a otra oración que tiene la misma importancia.

Ejemplo: A María le gusta mucho el fútbol pero a Jaime no le gusta nada.

Estas oraciones no dependen la una de la otra, por eso se llaman **coordinadas**, pero sus significados se oponen. Esta oposición nos la indica en este caso la conjunción **pero**. Las oraciones adversativas pueden ser de dos tipos:

1. **Excluyentes:** expresan significados contrapuestos, como en el ejemplo citado.
2. **Restrictivas:** indican obstáculo o restricción al enunciado de la primera coordinada, es decir, matizan lo que se dice en la primera oración.

Ejemplo: A María le gusta mucho el fútbol pero no tiene tiempo de verlo por televisión.

La misma conjunción puede introducir una adversativa excluyente o una adversativa restrictiva, sólo el significado puede indicarnos si lo que se dice en las coordinadas es totalmente opuesto o sólo parcialmente.

Además de **pero**, que es el conector más común, hay otros enlaces que sirven para introducir en un texto una idea opuesta a otra anterior o para matizarla. Los más usados en la escritura son **sin embargo** y **no obstante**. Los dos pueden ir entre comas en una oración, o después de un punto al comienzo de una nueva oración.

Ejemplos: Es muy importante escuchar a los demás, sin embargo, no hay que hacer caso de todo lo que te dicen.

Los estudiantes trabajan mucho. No obstante, no obtienen buenas calificaciones.

La conjunción **sino** y la locución **sino que** también introducen ideas contrarias mediante oraciones adversativas pero sólo cuando la primera oración es negativa.

Ejemplos: No me gusta bañarme en el mar sino en la piscina.

No me gusta bañarme en el mar sino que prefiero la piscina.

En los dos casos la primera oración de la coordinación es negativa. La diferencia entre los dos ejemplos es que en el primero se sobreentienden muchos elementos de la segunda oración: No me gusta bañarme en el mar sino (me gusta bañarme) en la piscina. Mientras que en el segundo ejemplo el verbo es necesario después de sino que: No me gusta bañarme en el mar sino que **prefiero** la piscina.

Otras conjunciones adversativas son las siguientes: **antes bien, con todo, salvo, excepto (que).**

6-10 **¿Exclusiva o restrictiva?** Indica con una **E** o una **R** si las siguientes oraciones coordinadas adversativas son exclusivas o restrictivas.

1. _____ Lima está situada junto al mar pero La Paz no.

2. _____ A Elisa le gusta mucho la música clásica, sin embargo, Pedro prefiere la música étnica.

3. _____ Juan ha sido siempre un gran nadador pero últimamente se cansa mucho.

4. _____ Luis dijo que era muy difícil para él venir a la fiesta. No obstante, hará lo posible.

5. _____ El vuelo a Londres es muy barato pero a París es muy caro.

6. _____ María es muy inteligente pero no estudia mucho.

6-11 **Cuestiones de matiz.** Las siguientes afirmaciones son categóricas y deben matizarse. Complétalas con una oración introducida por una conjunción adversativa.

Modelo: Es muy difícil aprender bien una lengua extranjera.

Es muy difícil aprender bien una lengua extranjera *pero* se consigue siendo constante en su estudio y sobre todo viajando a los países donde se habla para practicarla.

1. Los amigos fieles están siempre a tu lado cuando los necesitas.

_____

2. Hoy en día viajar en avión es muy cómodo.

_____

3. Cada vez se publican más libros.

_____

4. A los niños les gustan mucho los juegos electrónicos.

_____

5. En el norte de Estados Unidos y en el norte de Europa hace mucho frío.

_____

6. Las existencias de petróleo se acabarán un día.

_____

7. Hay que leer el periódico para informarse de lo que pasa en el mundo.

_____

8. El ciclismo es un deporte muy duro.

_____

6-12 **Argumentos opuestos.**

Primera fase. Escribe un párrafo argumentando contra la tesis que se afirma en cada una de las siguientes primeras líneas.

1. Hay quien dice que aprender lenguas no es de mucha utilidad. Sin embargo, _____

2. Hace unos años se pensaba que los computadores sólo los comprarían algunas empresas privilegiadas. No obstante, _____

2. Las oraciones concesivas

Forman parte de las llamadas oraciones subordinadas circunstanciales. Expresan una objeción, dificultad u obstáculo al enunciado de la oración principal, el cual, no obstante, se cumple.

Ejemplo: Pensamos escalar el Everest **aunque no tenemos el equipo necesario**.

Las oraciones subordinadas concesivas pueden llevar el verbo en indicativo o en subjuntivo dependiendo de la certidumbre que expresa la subordinada. En el ejemplo anterior el hablante tiene la certeza de que no tienen el equipo necesario para escalar el Everest, por eso el verbo va en indicativo. Sin embargo, en el ejemplo siguiente los hablantes no tiene esa certeza: es posible que no tengan el equipo necesario pero también es posible que lo tengan, por eso el verbo de la subordinada va en subjuntivo.

Pienso escalar el Everest **aunque no tengamos el equipo necesario**.

Los conectores más comunes para introducir este tipo de oraciones son los siguientes: **aunque, si bien, aun cuando, a pesar de (que)**. También son frecuentes las fórmulas sintácticas: **diga lo que diga; sea como sea,** etc.

6-13 **Asociaciones.** Asocia las siguientes oraciones subordinadas concesivas con la oración principal que les corresponde.

1. _____ a pesar de que hace mucho frío

2. _____ aunque tiene mucho dinero

3. _____ aun cuando me visites a menudo

4. _____ aunque tenga que pedírselo de rodillas

5. _____ aunque tenga que estudiar todo el verano

6. _____ si bien no es tan simpática como su hermana

a. Es muy tacaño (*stingy*).

b. Ana tiene mucho éxito social.

c. Me gusta el invierno.

d. Te echaré de menos.

e. Conseguirá que su padre le permita ir a la fiesta.

f. Pasaré el examen.

Nombre: _____ Fecha: _____

6-14 El consultorio. Lee la siguiente carta enviada por un lector al consultorio de una revista y contéstala ayudándolo a superar los obstáculos para resolver su problema. El esquema te ayudará.

El consultorio de Paula

Estimada Paula, en los últimos años he ganado mucho peso, no me siento cómodo con mi cuerpo y me falta energía. La verdad es que no tengo mucho tiempo para hacer ejercicio (obstáculo 1) y, además, me gusta mucho comer (obstáculo 2). Quiero tus consejos para tener una vida más sana. Un abrazo, Esperanzado.

Querido Esperanzado, aunque hayas ganado peso no debes sentirte culpable. Hacer algo de ejercicio es importante y debes organizarte aunque _____. Por ejemplo, puedes _____. También debes tener cuidado con lo que comes. Aunque _____, es mejor no abusar de los hidratos de carbono ni de las grasas. Por ejemplo, debes _____. Ten paciencia y lucha por tu salud, Paula.

Estrategias para anticipar objeciones: las oraciones condicionales (III)

En el capítulo 4 hablamos brevemente de las oraciones con **si** para expresar situaciones hipotéticas. Estas oraciones son muy útiles en un discurso o ensayo argumentativo en el que se trata de **anticipar objeciones y rebatirlas**. Lean el siguiente diálogo entre un vendedor de coches y un cliente.

VENDEDOR: Le damos todas las facilidades. Si no le gusta el color podemos pedirle el que desee, y si quiere un lector de CD se lo instalaremos gratis.

CLIENTE: No. No lo compro. Es demasiado grande.

VENDEDOR: Efectivamente, este coche es más grande que el que usted tenía en mente, pero si usted compara los precios verá que le resulta más ventajoso este coche, que tiene mayor potencia y mejores prestaciones.

CLIENTE: Sí, pero no quería gastarme tanto dinero.

VENDEDOR: Lo comprendo, pero piense que es una buena inversión porque si comprara un coche más barato de otra marca no tendría la seguridad de que no va a tener problemas con el suministro de las piezas. Además, este coche le durará muchos años.

En el diálogo anterior el vendedor anticipa dos posibles objeciones (el color y el lector de CD) y le ofrece al cliente una solución para cada una. Sin embargo, según avanza el diálogo nos damos cuenta de que las verdaderas objeciones son el tamaño, y sobre todo el precio. El vendedor, incorpora estas objeciones para rebatirlas convincentemente con argumentos que las anulan.

Los argumentos para persuadir al posible cliente están introducidos por fórmulas condicionales: si no le gusta el color...; si quiere un lector de CD...; si usted compara los precios...; si comprara un coche más barato...

Las oraciones con si o condicionales también pueden usarse en un texto argumentativo para expresar **situaciones contrarias a los hechos**. Fíjate en el siguiente discurso electoral de un político de la oposición que denuncia lo que el gobierno no ha hecho bien en los últimos años:

Ya son muchas las promesas incumplidas a las que nos han sometido los políticos en el gobierno. Si, como dijeron hace cuatro años, hubieran fomentado el empleo, ahora no tendríamos la tasa de desempleo más alta del continente. Si, efectivamente, hubieran generado puestos de trabajo en la industria y hubieran desarrollado la pesca y la agricultura, hoy no nos encontrarí-amos en la situación de déficit en la que nos encontramos.

En el discurso anterior, el político denuncia lo que el gobierno hubiera podido hacer pero no hizo: si hubieran fomentado el empleo...; si hubieran generado trabajo en la industria...; si hubieran desarrollado la pesca y la agricultura... Estas situaciones contrarias a los hechos le sirven para denunciar las consecuencias nefastas de la mala gestión del gobierno.

Las oraciones condicionales son **oraciones subordinadas circunstanciales** que dependen de una oración principal cuyo verbo está en condicional*. El esquema temporal es el siguiente:

Oración subordinada condicional	**Oración principal**
Si compra usted el coche...	...lo disfrutará mucho
[Verbo en presente de indicativo]	[Verbo en futuro]
Si comprara usted el coche...	...lo disfrutaría mucho
[Verbo en imperfecto de subjuntivo]	[Verbo en condicional simple]
Si hubiera comprado usted el coche...	...lo habría disfrutado mucho
[Verbo en pluscuamperfecto de subjuntivo]	[Verbo en condicional compuesto]

6-15 **Las consecuencias.** Complete las oraciones siguientes imaginando una consecuencia para las siguientes acciones.

MODELO: Si ganara la lotería me iría de viaje a China

1. Si saco buenas notas este año _____

2. Si hiciera buen tiempo mañana _____

3. Si hubiera nacido en otro país _____

4. Si comes mucho _____

5. Si yo fuera un actor/actriz famoso/a _____

6. Si la televisión fuera de mejor calidad _____

6-16 **Anticipando las objeciones.** Piensa en tres cosas tuyas que te gustaría vender, por ejemplo, un reloj, un vestido, un libro, un disco, etc., y escribe tres textos breves a modo de anuncios clasificados incluyendo en cada uno dos posibles objeciones y sus argumentos para rebatirlas.

MODELO: Se vende reloj de oro antiguo en perfecto estado: $300. Si le parece caro negociaremos el precio y si duda de su autenticidad le daremos un certificado.

---

*Ver el apéndice en la página 111 para la conjugación de los tiempos condicionales.

Answer Key

CAPÍTULO 1

Answers for 1-1 Sistemas de información:
todos los medios existentes para la trasmisión de información; Trasmisión oral: Un sistema de trasmisión de iinforación mediante la palabra hablada; Mensajaeros: pesonas encargadas de llevar información de un lugar a otro; Pregoneros: Personas encargadas de leer las noticias u otras informaciones importantes; Juglares: Durante la Edad Media, especie de actores que viajaban de pueblo en pueblo cantando y recitando noticias y otras informaciones; Romances: Durante la Edad Media, un tipo de canción o poema, normalmente cantado por los juglares, que contaba una historia; Corrido: Canción mexicana típica, derivada de los antiguos romances.

Answers for 1-2 Primera fase: *Answers may vary. Sample answers:* **1.** celebraciones, muertes, nacimientos, presencias extrañas, batallas ganadas o perdidas; **2.** mensajeros, pregoneros, juglares; **3.** mensaje, pregón, corrido; **4.** la voz, el tambor, la trompa.

Segunda fase: Answers may vary. Main ideas that may be included: **1.** El sistema escrito está más desarrollado hoy día, pero también existen sistemas orales, como la radio y el teléfono. La TV y el Internet son sistemas mixtos. **2.** La radio y el teléfono. **3.** Presentadores de radio y televisión, locutores.

Answers for 1-3: *Answers may vary. Sample answers:* Tabletas de arcilla: piezas hechas de barro. Gaceta: especie de periódico local y de poca circulación. Corresponsal: la persona que trabaja para un medio informativo para investigar las noticias. Copista: durante la Edad Media, principalmente, las personas que copiaban a mano documentos escritos. Noticia impresa: una información que aparece escrita en un medio que se publica mediante la imprenta.

Answers for 1-4 Primera fase: *Answers may vary. Sample answers:* **1.** los agentes y corresponsales de las compañías financieras; copistas, traductores, impresores; **2.** porque se copió, publicó y circuló como documento público; **3.** el poder de la noticia escrita y de la persona que la controla; **4.** la aparición de la gaceta y la del periódico.

Answers for 1-6: El segundo texto, porque va directamente a la noticia, se construye en torno a verbos y da preferencia a la acción, utiliza sólo los adjetivos indispensables y utiliza las técnicas del resumen.

Answers for 1-9: **1.** Juan trabaja con entusiasmo en la oficina de un abogado. **2.** Ernesto se baña en la playa con sus amigos. **3.** Elisa come pasta sin ganas en casa de sus padres. **4.** Los niños jugaron fútbol en la escuela. **5.** María y Carmen hablaron mucho de sus amistades de la infancia cuando se encontraron en una fiesta.

Answers for 1-10: **1.** Lola es cantante y le gusta mucho cantar en público. **2.** José y Rodrigo son buenos amigos y se ven todos los domingos. **3.** Luisa tiene hambre y quiere ir a un restaurante. **4.** Carlos y Juana son mis hijos y son muy alegres.

Answers for 1-11: **1.** Sustantiva; **2.** Adjetiva; **3.** Adverbial; **4.** Adjetiva; **5.** Adverbial; **6.** Sustantiva.

Answers for 1-12: *Answers may vary. Sample answers:* Las migraciones masivas son un fenómeno importante **para los pueblos** del Siglo XXI **porque van a marcar su futuro.** Estas migraciones resultan de las grandes desigualdades **económicas y sociales que** existen entre los países pobres del tercer mundo y los países desarrollados. Muchas razones **graves, entre las que están la pobreza y el hambre**, impulsan a miles de personas a emigrar. Algunas veces, la gente no tiene comida ni trabajo en su propio país **y** debe buscarlos en otro. Pero en otros muchos casos los emigrantes huyen de situaciones sociales y políticas **que impiden su desarrollo como seres humanos o como ciudadanos de primera clase**. Esos emigrantes buscan en otros países la justicia y libertad **que no encuentran** en su propio país.

Answers for 1-13: A principios del Siglo XX, el desierto de Atacama **era** una zona que nadie **conocía** muy bien. En realidad, muy pocos exploradores se **arriesgaban** a visitar sus rincones más alejados. Sin embargo, **en 1905**, la Universidad de Chile **formó** un equipo para investigar lo que realmente **pasaba** allí. Julio Roncallo, quien **en esa época era** el Decano del departamento de ciencias naturales, **decía** que **había** noticias de avistamientos de seres extraños y que estos fenómenos se **podían** explicar gracias a una teoría según la cual los dinosaurios no se extinguieron en todo el planeta. En efecto, algunos de los monstruos que muchos testigos **decían** haber visto **eran** como enormes aves que **volaban** a más de cien kilómetros por hora, y otros **eran** parecidos a gárgolas. El pasado mes de julio, una expedición salió de la ciudad de Arica con el propósito de llegar hasta las más remotas zonas del Atacama. Dicha expedición recorrió el desierto de norte a sur. Cada día los científicos instalaron en distintos lugares una variedad de instrumentos para detectar cualquier señal de vida y tomaron notas detalladas acerca del medio ambiente. Dos meses más tarde, se instalaron en el campus de la universidad donde recibieron las señales de sus instrumentos. «Fue un trabajo muy difícil, porque cada día tuvimos que recorrer más de 500 km de un terreno muy difícil», dijo Luisa Lafuente, quien estaba encargada de las telecomunicaciones de la expedición.

Answers for 1-14: *Answers may vary. Sample answers:* **El próximo 9 de julio** se celebrará en Puebla un gran festival de música popular. Este es el festival más importante que se celebra **en la ciudad**. Comenzará **a las 10 de la mañana**. **Antes** del almuerzo actuarán los grupos peruanos y ecuatorianos de música tradicional. Estas actuaciones serán **en el teatro** que está **en la plaza mayor**. **Por la tarde** continuará la función **en el Ateneo** que está **cerca de la catedral**. Los grupos de música del Caribe actuarán **por la noche** y el reparto de premios tendrá lugar **en la plaza mayor a las doce de la noche**.

Answers for 1-15: *Answers may vary. Sample answers:* Al oír ruido en la puerta de su vecino, Carmen Riesco se preguntó **si la vecina habría salido y estarían** solos los niños alborotando en la casa. Sin pensarlo mucho, se contestó **que t**al vez **era** mejor ir a ver lo que **estaba** pasando. Salió al descansillo y llamó al timbre varias veces. Levantando la voz preguntó **si había** alguien. Pero aunque siguió oyendo ruidos y voces, nadie contestó a su llamada. Decidió consultar con su hermana que vivía en el mismo inmueble. Le dijo **a Renata que pasaba** algo raro en el piso de al lado y no **sabía** qué hacer. Su hermana le sugirió **que llamara** al portero a ver qué **pensaba** él. Pero Carmen no quería molestar al portero, así que se volvió a su casa. Y se llevó un buen disgusto cuando al día siguiente el portero le preguntó **si sabía** lo que **había** pasado en casa de sus vecinos. Y sin esperar respuesta, le dijo **que habían entrado** los ladrones y se **habían llevado** todo lo que pudieron.

CAPÍTULO 2

Answers for 2-1: 1. a; **2.** b; **3.** b; **4.** a; **5.** b; **6.** a; **7.** a.

Answers for 2-2: 1. Voy al pueblo porque tengo recados para hacer. **2.** Madonna firmó un contrato con un nuevo sello. **3.** El libro antiguo es de pergamino. **4.** Si no contesta, déjale un recado. **5.** Esta red es magnífica para cazar mariposas. **6.** El decano pondrá el sello de la universidad en la carta. **7.** Los soldados esperan con ansiedad su relevo. **8.** Esta compañía tiene una de las mayores redes del mundo. **9.** Siempre está presumiendo de sus pergaminos.

Answers for 2-3: **1.** Reyes, políticos, dirigentes; **2.** China, Egipto, Roma, Imperio Inca; **3.** Papiro, arcilla, pergamino, celulosa, medios electrónicos.

Answers for 2-5: 8, 1, 2, 7, 4, 5, 6, 3. **Apreciado Señor Sepúlveda, Le** escribo en respuesta… en el que **su** empresa… Por el *Curriculum Vitae* que **le** adjunto, **podrá darse** cuenta… **Le** ruego notar que en varias… **Le** ruego **ponerse** en contacto conmigo en la dirección que se incluye en mi CV en caso de que **considere** apropiado tener una entrevista personal. En espera de **su** amable respuesta, me despido de **usted**.

Answers for 2-7: *Answers may vary.* **Se vende** coche magnífico equipo, 30.000 kms., llantas nuevas. **Se exige** pago contado. Tel. 345 9087.

Alquilo apartamento 60 metros excelente localización. **Se requieren** sólidas referencias bancarias. Tel. 987 3450.

Vendemos máquina de coser usada. Excelente estado. **Incluimos** un lote de telas. **Se puede** negociar el precio. Tel. 567 1243.

Answers for 2-8: *Answers may vary.* Anoche llegué a Cartagena. Es una ciudad preciosa que está cerca del mar. Tiene unas murallas y castillos de la época colonial y es bellísima. Nada más llegar, fui a comer al restaurante Capilla del Mar. Este restaurante es el mejor de la ciudad. Está al lado del mar y tiene una terraza con vista al puerto. Afortunadamente, era domingo y no había mucha gente. Mi jefe había invitado también a Silvestre Patiño, que es un consultor económico. Silvestre tiene un carro deportivo muy bonito. Como ves, me estoy divirtiendo y ya tengo amigos.

Answers for 2-9: *Answers may vary.* Estoy encantada con mi nuevo trabajo. Tengo varios empleados. Uno se llama Pedro López y es el jefe de producción. Es un hombre inteligente y muy buen trabajador. Tiene una familia preciosa. Mi otra empleada es María Cordón. María es una señora mayor, que tiene mucha experiencia en esta empresa y está deseando jubilarse pronto. Mi despacho está en una oficina que está en el centro de la ciudad de Buenos Aires. Me dedico a exportar muebles y he tenido mucho éxito porque este es un negocio muy bueno.

CAPÍTULO 3

Answers for 3-1: **1.** perlas; **2.** régimen; **3.** inquisición; **4.** tesis; **5.** brotar; **6.** monotonía; **7.** acreditación; **8.** inocencia.

Answers for 3-2: *Answers may vary.* **Clásico:** a. del latín classĭcus; b. obra o autor que se tenía por modelo; c. perteneciente a la antigüedad griega o latina; d. Aristóteles—filósofo griego (Siglo IV A.C.). **Místico:** a. del latín mystĭcus; b. se relacionaba con el misterio; c. que se dedica a la vida espiritual; d. Santa Teresa de Jesús—mística española (Siglo XVI D.C.).

Answers for 3-3: *Answers may vary.*

Answers for 3-4: *Answers may vary.*

Answers for 3-5 Segunda fase: Versión A: punto de vista de primera persona; narradora protagonista. Versión B: punto de vista de tercera persona; narrador testigo.

Answers for 3-6 a. Versión A: *Answers may vary. Sample answers:* …mi plato favorito; …le pedí al matre que me sentara…; Yo pensé que sería mejor marcharme…; …él me contestó que no me preocupara…; …me dijo que esta noche comería por cuenta de la casa. **Versión B:** …me senté en mi mesa habitual…; …vi llegar a una mujer sola…; Me pareció evidente…; Desde mi situación…; No pude evitar pensar…
b. *Answers may vary. Sample answers:* El testigo no puede saber ninguna de las siguientes cosas: **1.** que ella había leído críticas del restaurante; **2.** lo que ella pensó cuando se le acercó el hombre o cuando le contestó con grosería al maître; **3.** el contenido de las conversaciones de ella; **4.** que ella cenaría gratis.

c. *Answers may vary. Sample answers:* La protagonista no sabe lo siguiente: **1.** el hombre llegó al restaurante a las 7:45; **2.** lo que pasaba en las otras mesas antes de su llegada; **3.** que los dos hombres se cuchicheaban entre sí, porque ella estaba absorta mirando el fuego; **4.** lo que pensó el narrador cuando expulsaron al hombre.

d. *Answers may vary. Sample answers:* **1.** La narradora protagonista puede contar lo que observa y lo que ella piensa pero el narrador testigo sólo puede contar lo que observa; **2.** La narradora protagonista puede contar lo que dice cada uno de los personajes pero el narrador testigo sólo puede contar quienes hablan y en qué orden; **3.** La narradora protagonista no puede contar lo que piensan los otros clientes pero el narrador testigo puede contar lo que él mismo piensa.

Answers for 3-7: No hay indicios claros; no interviene en la historia; conoce los pensamientos de los personajes; no habla de sí misma.

Answers for 3-8: *Answers may vary. Sample answers:* Ayer iba caminando rápidamente hacia la universidad porque tenía un examen de español. Cuando llegué a la esquina del parque vi que uno de mis compañeros de clase venía caminando por el otro lado de la avenida. Un poco más atrás, venía un camión que parecía tener problemas porque iba de un lado a otro de la calle. En el momento en que mi amigo me vio, me hizo señas con la mano y echó a correr hacia donde yo estaba, con tal suerte que el camión vino a estrellarse precisamente en el lugar donde mi amigo había estado sólo unos segundos antes. Creo que se salvó de milagro.

Tercera pesona: Pedro García se levantó temprano porque quería caminar para relajarse y aprovechar los últimos momentos para repasar el imperfecto y el pretérido antes de su examen final de español. La mañana era fresca y la mente de Pedro se dejó llevar por el canto de los pájaros y el olor de las flores. Por eso no se dio cuenta del carro que venía descontrolado en dirección al lugar donde él se encontraba. Afortunadamente, en ese mismo instante, vio que Luisa Pérez, su mejor amiga, caminaba del otro lado de la avenida. Hacía tiempo que quería hablarle de sus planes para el fin de semana, así que corrió para alcanzarla, mientras le gritaba su nombre para llamar su atención. Justamente en ese instante, el carro se salió de la calle y se chocó con un árbol al lado de donde había estado Pedro unos segundos antes. Ese encuentro casual le salvó la vida.

Answers for 3-9: *Answers will vary.*

Answers for 3-10: —Hola —le dije casi sin mirarla—, ¿qué tienes en esa caja?
—Nada.
—¿Entonces para qué la traes? —le pregunté un poco disgustado.

Answers for 3-11: Se estaba haciendo tarde, así que le dije:

—Es necesario hacerlo todo ráidamente —dije.
—Es más importante comer bien, aunque tardemos más tiempo —insistió mi jefe.
—No comprendo por qué lo dices —le pregunté.
—Tendremos que pasar muchas horas sin comer y será necesario prepararnos adecuadamente para una marcha muy larga y dura en el bosque —me explicó.

Answers for 3-12: *Answers will vary.*

Answers for 3-13: Tengo una familia muy talentosa. ~~Nosotros~~ Somos tres hermanos y dos hermanas. **Los hombres s**omos Luis, Jaime y yo y **las mujeres** son Patricia y Soledad. Luis es el mayor. ~~Él~~ Es inteligentísimo; él tiene un título de Ingeniero Forestal y ~~Luis~~ gana mucho dinero. Jaime, en cambio, ~~él~~ no gana mucho dinero, pero ~~Jaime~~ es muy famoso, porque es un poeta excelente. ~~Jaime~~ Ha publicado tres libros, pero aunque ~~él~~ no ha vendido muchos, ha recibido varios premios muy importantes. Patricia y Soledad son las menores de todos. **Patricia e**s una excelente estudiante y actualmente ~~ella~~ cursa el último año de la escuela primaria, mientras que **Soledad** tiene solamente cinco años y ya ha entrado al kindergarten.

Answers for 3-14: estudia <u>contabilidad</u>; Su madre <u>la</u> quiere; <u>la</u> ha apoyado; le regaló un libro; Julia lo leyó; esa decisión la estimuló; sacó las mejores notas; recibió una beca; le permitió cumplir; cumplir sus sueños; profesores quieren ayudarla; a conseguir un buen trabajo; termine sus estudios. Tendrá muchas opciones.

Answers for 3-15: a mi padre le ofrecieron; le ofrecieron muchas ventajas; le aumentaron el sueldo; le pagaron el alquiler; me dieron una beca; nos explicaron todas las ventajas; nos convenía a todos. A mi hermana le dio tristeza.

Answers for 3-16: *Answers may vary. Sample answers:* **Primer párrafo:** Primeramente [para empezar, en primer lugar]; enseguida [a continuación, en segundo lugar]; en tercer lugar [finalmente, para terminar].

Segundo párrafo: Para empezar [primeramente, en primer lugar]; dado que [puesto que, ya que, debido a que]; teniendo en cuenta que [dado que, puesto que]; por tanto [en consecuencia, así que].

Tercer párrafo: En segundo lugar [para continuar]; por lo tanto [en consecuencia]; es decir [mejor dicho, en otras palabras]; en consecuencia [por lo tanto, por lo cual].

Cuarto párrafo: Para terminar [en tercer lugar, finalmente]; sin embargo [no obstante]; por tanto [en consecuencia]; es más [incluso, para colmo].

Ultimo párrafo: En suma [para resumir, en resumidas cuentas, en síntesis]; pero [sin embargo].

Answers for 3-17: *Answers will vary. Sample answers:*

Queridos mamá y papá:

Para empezar quiero enviarles un abrazo y desearles que estén bien. Yo, **en cambio**, he tenido una pequeña gripa que me ha tenido muy incómodo. Afortunadamente, **sin embargo**, no he tenido que faltar a clase ni un solo día.

En segundo lugar, quiero contarles que he tomado una decisión importante. Después de pensarlo mucho he decidido que me voy a especializar en español. **Como ustedes bien saben**, yo había dudado entre español y sociología, pero últimamente he estado hablando con varios profesores y teniendo en cuenta sus consejos, me decidí por el primero. **En consecuencia**, ayer fui ver al jefe del departamento, quien me felicitó por mi decisión, y **encima** tuve la suerte de que me asignaron como consejera a la profesora Martínez, que es la consejera más popular de todo el departamento. **Así pues**, que estoy muy contento.

A fin de que no piensen que tomé mi decisión sin pensarlo muy bien, quiero explicarles algunas de mis razones. **En primer lugar**, el estudio de lenguas extrajeras es muy importante en un mundo global y su utilidad es muy grande casi en cualquier profesión y los que saben alguna lengua extranjera encuentran trabajo más fácilmente. **Además**, el español es una de las lenguas más importantes, no solamente por el número de hablantes, sino también por la cantidad de países donde se habla. **Por otra parte**, uno de los trabajos en los que se prevé un mayor crecimiento es el de profesores de español, y **por esa razón** yo voy a intentar obtener mi certificado para poder enseñar en la escuela secundaria.

En fin, queridos padres, estoy muy contento con mi decisión porque creo que me ofrece muchas posibilidades en el futuro y **así mismo** espero que a ustedes también les guste. Les envío muchos abrazos, Martín.

Answers for 3-18: Terminé; apagué; guardé; contestó; recordé; marqué; contestó; dijo; dimos; pedí; tomó; me contó; le conté; nos despedimos; prometimos.

Answers for 3-19: 1. Reconoció; 2. dudó; 3. vio; 4. se puso; 5. dijo; 6. regresé; 7. se sentaron; 8. conversaron; 9. contó; 10. mostró; 11. se despidió; 12. invitó.

Answers for 3-20 Primera fase: Pretérito: Vivió; cumplió; descubrió; cambió; salió; recibió; tomó; llegó; saludó; terminó; vio; acercó; preguntó; pidió; descubrió; tomó; inició; convirtió. **Imperfecto:** era; sabía;

quería; celebraba; llevaba; dirigía; pensaba; llevaba; estaba; interesaba; hacía; aburría; estaban; estaba; estaba; conocía; era; era; iba; veía; quería. **Nota: había pensado** es pluscuamperfecto.

Segunda fase: 1. Continuada; **2.** Puntual; **3.** Puntual; **4.** Continuada; **5.** Continuada; **6.** Puntual; **7.** Repetida; **8.** Repetida; **9.** Puntual; **10.** Continuada.

Answers for 3-21: 1. planeó; **2.** hacía; **3.** imaginó; **4.** pensaba; **5.** importaba; **6.** resultaron; **7.** esperaba; **8.** era; **9.** tenía; **10.** estaban; **11.** tenía; **12.** cargó; **13.** sumaba; **14.** empezó; **15.** alcanzaron; **16.** comprendió; **17.** hizo; **18.** vendió; **19.** llamó; **20.** anunció; **21.** llegó; **22.** esperaban; **23.** rió.

Answers for 3-22: 1. Pretérito: empezó; trasladaron; escribieron; comprendí. **2. Imperfecto:** era; contaba; querían; apreciaban. **3. Pasado compuesto:** ha enseñado; he conocido; he deseado; he imaginado; he admirado; ha hecho; han tenido.

Answers for 3-23: 1. ha sido; **2.** ha conseguido; **3.** ha ganado; **4.** ha pensado; **5.** ha tenido; **6.** han querido; **7.** ha tenido (alt: tuvo); **8.** se casó; **9.** admiraba (alt: admira); **10.** tuvo; **11.** estudió; **12.** estaba; **13.** invitaron; **14.** eran; **15.** apreciaban; **16.** recomendaban (alt: recomendaron); **17.** ha ganado (alt: ganó).

Answers for 3-24: *Answers will vary. Sample answers:* Cuando Venancio **empezó** a trabajar en Todo Deporte, ya **se había casado** con Julieta. **Antes de nacer** Marina, ya Venancio **había empezado** a trabajar en Todo Deporte. Cuando Venancio **entró** a estudiar Contabilidad, ya **se había muerto** la madre de Julieta. Venancio ya **había empezado** a estudiar **antes de nacer Jesús.** Cuando **ascendieron** a Venancio, ya Jesús **había entrado** a la escuela. Marina **consiguió** un trabajo en la biblioteca, cuando ya Jesús y Marina **habían empezado** la escuela. **Ascendieron** a Marina después de que **había hecho** un curso. **Antes de irse** de vacaciones, a Venancio ya le **habían aumentado** el sueldo. Cuando Judith **empezó** *high school*, Marina ya

había entrado a Derecho. El equipo de debate **ganó** el concurso cuando ya a Julieta la **habían ascendido** a enfermera jefe.

Answers for 3-25 Primera fase: Pretérito: casaron; vivieron; decidieron; empezó; fueron; vivieron; consiguió; permitió; compraron. **Imperfecto:** tenía; se sentían; eran; se querían; era; parecía; parecía. **Nota:** había cumplido y había construido son pluscuamperfecto.

Segunda fase: *Answers will vary. Sample answers:* **1.** Vivieron en casa de los padres de Venancio, [pero] no se sentían a gusto. «Vivieron» es una acción completa, «sentían» es una acción continuada. **2.** Decidieron mudarse a Nueva York y así empezó su aventura americana. «Decidieron» y «empezó» son dos acciones simultáneas puntuales. **3.** Eran jóvenes y se querían mucho. «Eran» y «querían» son dos acciones simultáneas de igual duración. **4.** Los primeros meses fueron muy difíciles [pero] los vivieron con mucha alegría. «Fueron» y «vivieron» son dos acciones puntuales simultáneas. **5.** Cuando lo compraron les parecía el carro más bello. «Compraron» es una acción puntual simultánea con la acción continuada de «parecer». **6.** No era un trabajo muy bueno, pero les permitió ahorrar. «Era» es un estado continuado, pero «permitió» es una acción puntual simultánea.

Answers for 3-26: *Answers will vary.*

CAPÍTULO 4

Answers for 4-1: 1. c; **2.** f; **3.** d; **4.** a; **5.** e; **6.** h; **7.** b; **8.** g.

Answers for 4-2: 1. F; **2.** C; **3.** F; **4.** F; **5.** C; **6.** F; **7.** C; **8.** F.

Answers for 4-3: *Definitions may vary.* **1.** ciencia que estudia la tierra; **2.** futuro que depende de que se dé cierta condición; **3.** ciencia que estudia el funcionamiento de las sociedades humanas; **4.** conjunto de especulaciones y experiencias de carácter esotérico; **5.** creencia contraria a la religión; **6.** capacidad y disposición para algo.

Answers for 4-4: *Answers may vary. Sample basic facts:* **1. Nostradamus:** Médico francés del Siglo XVI que se hizo famoso por predecir el futuro. **2. Cubismo:** Movimiento artístico, principalmente de la pintura, que pretende mostrar los objetos pintados desde varios puntos de vista simultáneamente. Uno de sus principales representantes es Pablo Picasso. **3. Puntillismo:** Técnica de la pintura que consiste en representar los objetos mediante puntos de colores puros. **4. Cyberpunk:** Forma narrativa cercana a la ciencia ficción en la que se mezclan la alta tecnología y un orden social caótico. **5. Julio Verne:** Escritor francés del Siglo XIX que se hizo famoso escribiendo novelas que transcurrían en el futuro y en las que se narraban cosas consideradas entonces como prácticamente imposibles, tales como viajar a la luna. **6. Nietzsche:** Filósofo alemán del Siglo XIX.

Answers for 4-5: **1.** si ella no tiene ya otros planes para ese día; **2.** si ustedes dos están de acuerdo; **3.** si reunimos dinero suficiente; **4.** si hace buen tiempo.

Answers for 4-6: *Answers may vary. Sample answers:* Si los padres se van… Si nos prestan la casa… Si hace buen tiempo… Si reunimos bastante dinero para hacer las compras… Si no tengo que trabajar ese día…

Answers for 4-7:

Condición	Alternativa	Conector
si conseguimos organizar un vuelo especial	tendremos que retrasar la salida un día más	Si esto no es posible,
Si los colegas de MSF pueden ofrecer alojamiento a nuestros traductores	BSF se ha comprometido a encontrarles alojamiento	En caso contrario,
si necesitan ayuda	Marta Navarro tiene instrucciones de ponerse a disposición de la Cruz Roja	pero si no la necesitan,

Answers for 4-8: *Answers may vary. List of conditions:* **1.** si ella no tiene ya otros planes para ese día; **2.** si ustedes dos están de acuerdo; **3.** si reunimos dinero suficiente; **4.** si hace buen tiempo.

Answers for 4-9: *Answers may vary; however, notice that the first paragraph exaggerates excessively.*

Answers for 4-10: *Answers may vary. Sample answers:* Para concluir, este proyecto cumple todos los requisitos que se piden en la convocatoria, además de ser de fácil realización. Una consideración importante es que no se requiere invertir mucho dinero por ser un proyecto barato que no solamente es divertido, sino que no se requiere experiencia previa para participar en él.

Answers for 4-11: **1.** para que; **2.** para; **3.** porque; **4.** para; **5.** porque; **6.** para; **7.** para; **8.** para que; **9.** para que; **10.** porque.

Answers for 4-12: *Answers may vary. Sample answers:* Marta: Por fin he tomado una resolución y he decidido cambiar de trabajo. El nuevo puesto que me ofrecieron no solamente es mejor porque pagan más, sino que además tendré más horas libres y mejores oportunidades de promoción. Aunque el nuevo puesto me obliga a cambiar de ciudad, ya sabes que es algo que llevo mucho tiempo queriendo hacer. Me atrae la idea de vivir en una ciudad más grande, y más porque mi novia (ya sabes que nos vamos a casar pronto) y toda mi familia viven allí.

Answers for 4-13: **1.** serán; **2.** lloverá; **3.** llueva; **4.** serán; **5.** estará; **6.** hará; **7.** será; **8.** sea; **9.** hará; **10.** se calmará.

Answers for 4-14: **1.** van a viajar; **2.** van a visitar; **3.** van a quedarse; **4.** van a recorrer; **5.** van a alojarse; **6.** van a volver; **7.** van a seguir; **8.** van a ir; **9.** van a completar; **10.** van a pasarlo.

Answers for 4-15: *Answers may vary. Sample answers:* El próximo verano voy a viajar a Puerto Rico para visitar a mi familia. Cuando termine los exámenes, mi familia y yo viajaremos a San Juan porque allí vive mi abuela. Mis primas de Ponce me han dicho que cuando lleguemos, ellas vendrán a vernos y a llevarme a su casa porque quieren que yo conozca a sus compañeras de la universidad, porque ellas se van a graduar unos días después y habrá muchas fiestas para celebrarlo.

Answers for 4-16: 1. d; **2.** a; **3.** f; **4.** b; **5.** e; **6.** g; **7.** c; **8.** e.

Answers for 4-17: *Answers may vary. Sample answers:* **1.** Si me **tocaran** 30 millones de dólares en la lotería me **pondría** a viajar y a conocer todos los países del mundo. Ante todo, **viajaría** a la Argentina, porque siempre he deseado conocer la Patagonia. Después **iría** a la China porque quiero ver todas las cosas que están pasando en ese país. Luego **continuaría** mi viaje por toda el Asia, y me **detendría** varios meses en la India. Cuando me **cansara** de viajar, me **compraría** una casa pequeña en Vermont y me **dedicaría** a cuidar vacas. **2.** Si **apruebo** todas las asignaturas este año, **viajaré** con un grupo de amigos y amigas a Alaska. **Iremos** en barco desde San Francisco porque un amigo conoce una empresa de barcos que es buena y barata, aunque no es lujosa. Si **apruebo** todas las asignaturas no **tendré** que estudiar durante el viaje y **podré** disfrutar de unas vacaciones tranquilas.

CAPÍTULO 5

Answers for 5-1: 1. d; **2.** f; **3.** h; **4.** g; **5.** c; **6.** a; **7.** e; **8.** b.

Answers for 5-2: 1. F; **2.** F; **3.** C; **4.** C; **5.** F.

Answers for 5-3: *Definitions may vary slightly.* **1.** Instrumento para realizar un trabajo; **2.** Opción de escoger entre dos o más cosas; **3.** Crítica de una obra literaria, artística o científica; **4.** Que no incluye la totalidad sino solamente una parte; **5.** Decir algo para que otros lo apoyen; **6.** Opinión.

Answers for 5-4: *Answers may vary. Sample answer:* **Julio César:** Nació en el año 100 A.C. y llegó a convertirse en el político y gobernante más importante de su época y en el verdadero padre del Imperio Romano. A su muerte, se cambió el nombre del mes de su nacimiento en homenaje a él: Julio. Murió asesinado por sus enemigos políticos, en pleno Senado romano. Entre quienes lo mataron estaba su amigo Brutus, y la leyenda ha hecho famosa la supuesta última frase de César: «¿Tú también, Bruto, hijo mío?».

Answers for 5-5: 1. A. Instrumento musical. B. Calabaza con granos; **2.** A. Tambor. B. Un parche y caja metálica; **3.** A. Instrumento musical de percusión. B. Tubo de madera cubierto con cuero por arriba.

Answers for 5-6: *Answers may vary. These definitions are taken from the DRAE and are given here as examples of "best" possible answers.* **Bandoneón:** Variedad de acordeón, de forma hexagonal y escala cromática, muy popular en la Argentina. **Arpa:** Instrumento musical de forma triangular, con cuerdas colocadas verticalmente y que se tocan con ambas manos. **Marimba:** Instrumento musical en que se percuten listones de madera, como en el xilófono.

Answers for 5-7: *Answers may vary.*

Answers for 5-8: *Answers may vary. Sample answer:* El bandoneón es un instrumento de la familia del acordeón y posiblemente fue inventado en China. Gabriel-Joseph Grenié construyó un primer modelo de armonio y Hermann Ulgh, en 1835, le añadió movilidad. Este instrumento llegó a Buenos Aires en 1862, donde recibió el nombre de bandoneón, deformación del nombre del taller, Band Union, donde fue construido. Quince años después se inventó el tango, música a la cual está ligado. El bandoneón tiene forma cuadrada y utiliza 38 botones, para los registros agudo y medio y otros 33 botones para el registro grave. Estos botones funcionan de manera semejante al piano. Alejandro Barletta y Roberto Caamaño, entre otros, han compuesto para este instrumento.

Answers for 5-9: Se utilizan la definición (*un poema es… géneros literarios*) y el análisis (*Entre los principios… la voz poética*).

Answers for 5-10: Se puede continuar escribiendo un párrafo sobre cada uno de los citados principios estructurales del poema.

Answers for 5-11: *Answers may vary.*

Answers for 5-12 Primera fase: Definición (primer párrafo); historia (segundo párrafo); análisis (tercer párrafo); organización y funcionamiento (quinto, sexto y séptimo párrafos).

Answers for 5-13: *Answers may vary. Sample responses:* **1.** De carga, de deportes, de guerra, de pasajeros, de lujo, etc. **2.** De vapor, de vela, de fuera de borda, nuclear, etc. **3.** Cazadores, luchadores, cobradores (*retrievers*), pointers, guardianes, de tiro (*track dogs*), pastores, etc. **4.** San Bernardo, Doberman, Pastor Alemán, Collie, etc. **5.** Europeo, africano, chino, francés, egipcio, etc. **6.** De terror, romántico, de guerra, comedia, ciencia ficción, etc.

Answers for 5-14: *Answers may vary.*

Answers for 5-15 Primera fase: El pelícano peruano o alcatraz es (un ave) <u>que mide poco más de un metro</u>. Es fácil de identificar porque tiene (un pico) <u>que contiene una bolsa grande llamada bolsa gular</u>. (El pelícano), <u>que es de color marrón o gris</u>, tiene un cuello blanco en invierno que en verano se vuelve parcialmente negro. Se alimenta de (peces) <u>que captura mientras nada</u>. Es (un ave) muy social <u>que suele volar en grupos de tres a diez individuos</u>.

Segunda fase: *Answers may vary. Sample answers:* El pelícano peruano o alcatraz es un ave de poco más de un metro. Es fácil de identificar porque tiene en su pico una bolsa grande llamada bolsa gular. El pelícano de color marrón o gris tiene un cuello blanco en invierno que en verano se vuelve parcialmente negro. Se alimenta de peces capturados mientras nada. Es un ave muy social que suele volar en grupos de tres a diez individuos.

Answers for 5-16: **1.** que es de un director español; **2.** que es muy polémico; **3.** que ocurrió en Galicia, al norte de España; **4.** que se quedó tetrapléjico debido a un accidente; **5.** que estaba enamorada de él.

Answers for 5-17: *Answers may vary. Sample answers:* **1.** Es conveniente; **2.** Se recomienda;

3. 309 heridos fueron atendidos; **4.** los heridos fueron llevados; **5.** Es necesario.

Answers for 5-18: *Answers may vary. Sample answers:* El cerebro es un órgano que controla nuestras emociones. Hay en él sustancias que crean adicción amorosa y otras que producen sentimientos adversos, como el odio. Además, el cerebro actúa emocionalmente ante el peligro. Por ejemplo, si uno va por el bosque y ve una serpiente, los ojos envían esta información a una parte del cerebro llamada tálamo, pero esta parte del cerebro no puede distinguir si lo que los ojos han visto es una serpiente o una rama. La información proviene de otra parte del cerebro, la corteza cerebral occipital. Sin embargo, el tálamo no espera la respuesta sino que da la orden al cuerpo para poner en marcha una respuesta emocional de huida, por si acaso fuera una serpiente, y la persona da un salto. Una fracción de segundo más tarde, llega la información de la corteza: era una rama, no una serpiente. Entonces el cuerpo se relaja. Nuestras respuestas emocionales son tan impulsivas que muchas veces actuamos sin pararnos a pensar en las consecuencias.

Answers for 5-19: *Answers may vary.*

Answers for 5-20: *Answers may vary.*

Answers for 5-21: *Answers may vary.*

Answers for 5-22: *Answers may vary.*

CAPÍTULO 6

Answers for 6-1: Entre las semejanzas, en algunas universidades se conserva el modelo de las facultades de artes y ciencias, basado en el modelo medieval. Los estudios más avanzados en ciertas facultades siguen llevando al título de Doctor en Filosofía (Ph.D.) Entre las diferencias sobresale la variedad de currículo existente en la actualidad y la especialización tecnológica predominante en la universidad actual.

Answers for 6-2: **1.** c; **2.** f; **3.** e; **4.** b; **5.** a; **6.** d.

Answers for 6-3: **1.** B; **2.** A; **3.** B; **4.** A; **5.** A; **6.** A.

Answers for 6-4: *Answers may vary. Sample answers:* En mi casa discutimos mucho, pero tenemos como regla no discutir nunca de política, porque nuestras opiniones son muy diferentes. En algunas ocasiones mi hermana y yo llegamos a gritarnos, pero en ese punto mis padres intervienen para cortar la discusión.

Answers for 6-5: 1. A; 2. C; 3. B; 4. D; 5. A; 6. D; 7. C; 8. B.

Answers for 6-6: *Answers may vary. Follow the models given in the text.*

Answers for 6-7: Los jardines y los parques son de todos. Respeten los jardines. No tiren los papeles al suelo ni ensucien el césped. No dejen los perros sueltos y recojan los excrementos. No llenen las paredes de graffiti ni peguen afiches. Cuiden las fuentes y no malgasten el agua.

Answers for 6-8: 1. cancelara; 2. viniera; 3. almorzáramos; 4. regara; 5. alimentara; 6. se ocupe; 7. viniera; 8. nos trajeran.

Answers for 6-9: *Answers may vary. Sample answers:* Hola Carmen, Salgo de viaje ahora. Por favor, dile a José Carlos que prepare el nuevo anuncio y a Ana María que corrija las pruebas del texto. Que Tomás se ponga de acuerdo con el técnico de luces para conseguir los focos. No te olvides de pedirle a Elisa que contrate a los modelos y a Lorena que negocie el acuerdo con los medios. Llámame al celular si hay problemas. Chao y gracias, Enrique.

Answers for 6-10: 1. E; 2. E; 3. R; 4. R; 5. E; 6. R.

Answers for 6-11: *Answers may vary. Sample answers:* 1. Los amigos fieles están siempre a tu lado cuando los necesitas pero no es bueno abusar de ellos. 2. Hoy en día viajar en avión es muy cómodo, aunque las sillas son muy estrechas. 3. Cada vez se publican más libros, pero hay menos lectores. 4. A los niños les gustan mucho los juegos electrónicos, aunque disfrutan más corriendo y jugando al aire libre.

5. En el norte de Estados Unidos y en el norte de Europa hace mucho frío, sin embargo, en el norte de Suramérica hace mucho calor. 6. Las existencias de petróleo se acabarán un día, aunque para entonces ya se habrán encontrado nuevas fuentes de energía. 7. Hay que leer el periódico para informarse de lo que pasa en el mundo, aunque algunos prefieren informarse en el Internet. 8. El ciclismo es un deporte muy duro pero también es muy sano.

Answers for 6-12: *Answers may vary. Sample answers:* 1. Hay quien dice que aprender lenguas no es de mucha utilidad. Sin embargo, el actual proceso de globalización de la economía ha demostrado que es más fácil tener éxito en los negocios cuando se habla el idioma de nuestros socios en el extranjero. Además, el importante papel que varios países asiáticos han adquirido en la economía mundial sugiere que el inglés no será siempre el idioma preferido del mundo de los negocios. 2. Hace unos años se pensaba que los computadores sólo los comprarían algunas empresas privilegiadas. No obstante, la revolución informática que empezó con la aparición del computador personal y que hoy ha llegado hasta los teléfonos móviles, ha hecho no solamente posible sino necesario que estos aparatos estén en todas partes. De otra parte, mientras que hace unos años se pensaba que sólo expertos podían usar estas máquinas, la simplicidad que tiene su uso hoy día permite que hasta los niños de la escuela primaria los usen con toda naturalidad.

Answers for 6-13: 1. c; 2. a; 3. d; 4. e; 5. f; 6. b.

Answers for 6-14: *Answers may vary. Sample answers:* Querido Esperanzado, aunque hayas ganado peso no debes sentirte culpable. Hacer algo de ejercicio es importante y debes organizarte aunque **tengas mucho trabajo**. Por ejemplo, puedes **levantarte un poco más temprano cada día**. También debes tener cuidado con lo que comes. Aunque **te gusten mucho**, es mejor no abusar de los hidratos de carbono ni de las grasas. Por ejemplo, debes

comer más ensaladas, nueces y pescado.
Ten paciencia y lucha por tu salud, Paula.

Answers for 6-15: *Answers may vary. Sample answers:* **1.** Si saco buenas notas este año me comprarán un carro nuevo. **2.** Si hiciera buen tiempo mañana iría a la playa. **3.** Si hubiera nacido en otro país posiblemente hablaría otro idioma. **4.** Si comes mucho te engordarás. **5.** Si yo fuera un actor/actriz famoso/a no viviría en Hollywood. **6.** Si la televisión fuera de mejor calidad sería más educativa.

Answers for 6-16: *Answers may vary. Sample answers:* Vendo computador «HAL Torpedo» como nuevo. No pierda esta oportunidad. Si usted ya tiene uno, recuerde que los Torpedos son muy fáciles de interconectar y así podrá tener conexión al Internet en varias habitaciones de su casa. ¿Cree que es caro? ¡Llámeme y averigüe la verdad!

Apéndice I: Verb Charts

Regular Verbs: Simple Tenses

Infinitive Present Participle Past Participle	Indicative					Subjunctive		Imperative
	Present	Imperfect	Preterit	Future	Conditional	Present	Imperfect	
hablar hablando hablado	hablo hablas habla hablamos habláis hablan	hablaba hablabas hablaba hablábamos hablabais hablaban	hablé hablaste habló hablamos hablasteis hablaron	hablaré hablarás hablará hablaremos hablaréis hablarán	hablaría hablarías hablaría hablaríamos hablaríais hablarían	hable hables hable hablemos habléis hablen	hablara hablaras hablara habláramos hablarais hablaran	habla tú, no hables hable usted hablemos hablen Uds.
comer comiendo comido	como comes come comemos coméis comen	comía comías comía comíamos comíais comían	comí comiste comió comimos comisteis comieron	comeré comerás comerá comeremos comeréis comerán	comería comerías comería comeríamos comeríais comerían	coma comas coma comamos comáis coman	comiera comieras comiera comiéramos comierais comieran	come tú, no comas coma usted comamos coman Uds.
vivir viviendo vivido	vivo vives vive vivimos vivís viven	vivía vivías vivía vivíamos vivíais vivían	viví viviste vivió vivimos vivisteis vivieron	viviré vivirás vivirá viviremos viviréis vivirán	viviría vivirías viviría viviríamos viviríais vivirían	viva vivas viva vivamos viváis vivan	viviera vivieras viviera viviéramos vivierais vivieran	vive tú, no vivas viva usted vivamos vivan Uds.

Vosotros Commands

hablar	comer	vivir
hablad, no habléis	comed, no comáis	vivid, no viváis

Regular Verbs: Perfect Tenses

	Indicative									Subjunctive			
Present Perfect		**Past Perfect**		**Preterit Perfect**		**Future Perfect**		**Conditional Perfect**		**Present Perfect**		**Past Perfect**	
he	hablado	había	hablado	hube	hablado	habré	hablado	habría	hablado	haya	hablado	hubiera	hablado
has	comido	habías	comido	hubiste	comido	habrás	comido	habrías	comido	hayas	comido	hubieras	comido
ha	vivido	había	vivido	hubo	vivido	habrá	vivido	habría	vivido	haya	vivido	hubiera	vivido
hemos		habíamos		hubimos		habremos		habríamos		hayamos		hubiéramos	
habéis		habíais		hubisteis		habréis		habríais		hayáis		hubierais	
han		habían		hubieron		habrán		habrían		hayan		hubieran	

Irregular Verbs

Infinitive Present Participle Past Participle	Indicative					Subjunctive		Imperative
	Present	**Imperfect**	**Preterit**	**Future**	**Conditional**	**Present**	**Imperfect**	
andar	ando	andaba	anduve	andaré	andaría	ande	anduviera	anda tú,
andando	andas	andabas	anduviste	andarás	andarías	andes	anduvieras	no andes
andado	anda	andaba	anduvo	andará	andaría	ande	anduviera	ande usted
	andamos	andábamos	anduvimos	andaremos	andaríamos	andemos	anduviéramos	andemos
	andáis	andabais	anduvisteis	andaréis	andaríais	andéis	anduvierais	andad vosotros
	andan	andaban	anduvieron	andarán	andarían	anden	anduvieran	no andéis anden Uds.
caer	caigo	caía	caí	caeré	caería	caiga	cayera	cae tú,
cayendo	caes	caías	caíste	caerás	caerías	caigas	cayeras	no caigas
caído	cae	caía	cayó	caerá	caería	caiga	cayera	caiga usted
	caemos	caíamos	caímos	caeremos	caeríamos	caigamos	cayéramos	caigamos
	caéis	caíais	caísteis	caeréis	caeríais	caigáis	cayerais	caed vosotros
	caen	caían	cayeron	caerán	caerían	caigan	cayeran	no caigáis caigan Uds.
dar	doy	daba	di	daré	daría	dé	diera	da tú,
dando	das	dabas	diste	darás	darías	des	dieras	no des
dado	da	daba	dio	dará	daría	dé	diera	dé usted
	damos	dábamos	dimos	daremos	daríamos	demos	diéramos	demos
	dais	dabais	disteis	daréis	daríais	deis	dierais	dad vosotros
	dan	daban	dieron	darán	darían	den	dieran	no déis den Uds.

Irregular Verbs (continued)

Infinitive / Present Participle / Past Participle	Indicative					Subjunctive		Imperative
	Present	Imperfect	Preterit	Future	Conditional	Present	Imperfect	
decir / diciendo / dicho	digo dices dice decimos decís dicen	decía decías decía decíamos decíais decían	dije dijiste dijo dijimos dijisteis dijeron	diré dirás dirá diremos diréis dirán	diría dirías diría diríamos diríais dirían	diga digas diga digamos digáis digan	dijera dijeras dijera dijéramos dijerais dijeran	di tú, no digas diga usted digamos decid vosotros, no digáis digan Uds.
estar / estando / estado	estoy estás está estamos estáis están	estaba estabas estaba estábamos estabais estaban	estuve estuviste estuvo estuvimos estuvisteis estuvieron	estaré estarás estará estaremos estaréis estarán	estaría estarías estaría estaríamos estaríais estarían	esté estés esté estemos estéis estén	estuviera estuvieras estuviera estuviéramos estuvierais estuvieran	está tú, no estés esté usted estemos estad vosotros, no estéis estén Uds.
haber / habiendo / habido	he has ha hemos habéis han	había habías había habíamos habíais habían	hube hubiste hubo hubimos hubisteis hubieron	habré habrás habrá habremos habréis habrán	habría habrías habría habríamos habríais habrían	haya hayas haya hayamos hayáis hayan	hubiera hubieras hubiera hubiéramos hubierais hubieran	
hacer / haciendo / hecho	hago haces hace hacemos hacéis hacen	hacía hacías hacía hacíamos hacíais hacían	hice hiciste hizo hicimos hicisteis hicieron	haré harás hará haremos haréis harán	haría harías haría haríamos haríais harían	haga hagas haga hagamos hagáis hagan	hiciera hicieras hiciera hiciéramos hicierais hicieran	haz tú, no hagas haga usted hagamos haced vosotros, no hagáis hagan Uds.
ir / yendo / ido	voy vas va vamos vais van	iba ibas iba íbamos ibais iban	fui fuiste fue fuimos fuisteis fueron	iré irás irá iremos iréis irán	iría irías iría iríamos iríais irían	vaya vayas vaya vayamos vayáis vayan	fuera fueras fuera fuéramos fuerais fueran	ve tú, no vayas vaya usted vamos, no vayamos id vosotros, no vayáis vayan Uds.

Irregular Verbs (continued)

Infinitive Present Participle Past Participle	Indicative					Subjunctive		Imperative
	Present	Imperfect	Preterit	Future	Conditional	Present	Imperfect	
oír oyendo oído	oigo oyes oye oímos oís oyen	oía oías oía oíamos oíais oían	oí oíste oyó oímos oísteis oyeron	oiré oirás oirá oiremos oiréis oirán	oiría oirías oiría oiríamos oiríais oirían	oiga oigas oiga oigamos oigáis oigan	oyera oyeras oyera oyéramos oyerais oyeran	oye tú, no oigas oiga usted oigamos oíd vosotros no oigáis oigan Uds.
poder (ue, u) pudiendo podido	puedo puedes puede podemos podéis pueden	podía podías podía podíamos podíais podían	pude pudiste pudo pudimos pudisteis pudieron	podré podrás podrá podremos podréis podrán	podría podrías podría podríamos podríais podrían	pueda puedas pueda podamos podáis puedan	pudiera pudieras pudiera pudiéramos pudierais pudieran	
poner poniendo puesto	pongo pones pone ponemos ponéis ponen	ponía ponías ponía poníamos poníais ponían	puse pusiste puso pusimos pusisteis pusieron	pondré pondrás pondrá pondremos pondréis pondrán	pondría pondrías pondría pondríamos pondríais pondrían	ponga pongas ponga pongamos pongáis pongan	pusiera pusieras pusiera pusiéramos pusierais pusieran	pon tú, no pongas ponga usted pongamos poned vosotros no pongáis pongan Uds.
querer (ie, i) queriendo querido	quiero quieres quiere queremos queréis quieren	quería querías quería queríamos queríais querían	quise quisiste quiso quisimos quisisteis quisieron	querré querrás querrá querremos querréis querrán	querría querrías querría querríamos querríais querrían	quiera quieras quiera queramos queráis quieran	quisiera quisieras quisiera quisiéramos quisierais quisieran	quiere tú, no quieras quiera usted queramos quered vosotros no queráis quieran Uds.
saber sabiendo sabido	sé sabes sabe sabemos sabéis saben	sabía sabías sabía sabíamos sabíais sabían	supe supiste supo supimos supisteis supieron	sabré sabrás sabrá sabremos sabréis sabrán	sabría sabrías sabría sabríamos sabríais sabrían	sepa sepas sepa sepamos sepáis sepan	supiera supieras supiera supiéramos supierais supieran	sabe tú, no sepas sepa usted sepamos sabed vosotros no sepáis sepan Uds.
salir saliendo salido	salgo sales sale salimos salís salen	salía salías salía salíamos salíais salían	salí saliste salió salimos salisteis salieron	saldré saldrás saldrá saldremos saldréis saldrán	saldría saldrías saldría saldríamos saldríais saldrían	salga salgas salga salgamos salgáis salgan	saliera salieras saliera saliéramos salierais salieran	sal tú, no salgas salga usted salgamos salid vosotros no salgáis salgan Uds.

Irregular Verbs (continued)

Infinitive Present Participle Past Participle	Indicative					Subjunctive		Imperative
	Present	Imperfect	Preterit	Future	Conditional	Present	Imperfect	
ser siendo sido	soy eres es somos sois son	era eras era éramos erais eran	fui fuiste fue fuimos fuisteis fueron	seré serás será seremos seréis serán	sería serías sería seríamos seríais serían	sea seas sea seamos seáis sean	fuera fueras fuera fuéramos fuerais fueran	sé tú, no seas sea usted seamos sed vosotros, no seáis sean Uds.
tener teniendo tenido	tengo tienes tiene tenemos tenéis tienen	tenía tenías tenía teníamos teníais tenían	tuve tuviste tuvo tuvimos tuvisteis tuvieron	tendré tendrás tendrá tendremos tendréis tendrán	tendría tendrías tendría tendríamos tendríais tendrían	tenga tengas tenga tengamos tengáis tengan	tuviera tuvieras tuviera tuviéramos tuvierais tuvieran	ten tú, no tengas tenga usted tengamos tened vosotros, no tengáis tengan Uds.
traer trayendo traído	traigo traes trae traemos traéis traen	traía traías traía traíamos traíais traían	traje trajiste trajo trajimos trajisteis trajeron	traeré traerás traerá traeremos traeréis traerán	traería traerías traería traeríamos traeríais traerían	traiga traigas traiga traigamos traigáis traigan	trajera trajeras trajera trajéramos trajerais trajeran	trae tú, no traigas traiga usted traigamos traed vosotros, no traigáis traigan Uds.
venir viniendo venido	vengo vienes viene venimos venís vienen	venía venías venía veníamos veníais venían	vine viniste vino vinimos vinisteis vinieron	vendré vendrás vendrá vendremos vendréis vendrán	vendría vendrías vendría vendríamos vendríais vendrían	venga vengas venga vengamos vengáis vengan	viniera vinieras viniera viniéramos vinierais vinieran	ven tú, no vengas venga usted vengamos venid vosotros, no vengáis vengan Uds.
ver viendo visto	veo ves ve vemos veis ven	veía veías veía veíamos veíais veían	vi viste vio vimos visteis vieron	veré verás verá veremos veréis verán	vería verías vería veríamos veríais verían	vea veas vea veamos veáis vean	viera vieras viera viéramos vierais vieran	ve tú, no veas vea usted veamos ved vosotros, no veáis vean Uds.

Stem-Changing and Orthographic-Changing Verbs

Infinitive Present Participle Past Participle	Indicative					Subjunctive		Imperative
	Present	Imperfect	Preterit	Future	Conditional	Present	Imperfect	
dormir (ue, u) durmiendo dormido	duermo duermes duerme dormimos dormís duermen	dormía dormías dormía dormíamos dormíais dormían	dormí dormiste durmió dormimos dormisteis durmieron	dormiré dormirás dormirá dormiremos dormiréis dormirán	dormiría dormirías dormiría dormiríamos dormiríais dormirían	duerma duermas duerma durmamos durmáis duerman	durmiera durmieras durmiera durmiéramos durmierais durmieran	duerme tú, no duermas duerma usted durmamos dormid vosotros, no durmáis duerman Uds.
incluir (y) incluyendo incluido	incluyo incluyes incluye incluimos incluís incluyen	incluía incluías incluía incluíamos incluíais incluían	incluí incluiste incluyó incluimos incluisteis incluyeron	incluiré incluirás incluirá incluiremos incluiréis incluirán	incluiría incluirías incluiría incluiríamos incluiríais incluirían	incluya incluyas incluya incluyamos incluyáis incluyan	incluyera incluyeras incluyera incluyéramos incluyerais incluyeran	incluye tú, no incluyas incluya usted incluyamos incluid vosotros, no incluyáis incluyan Uds.
pedir (i, i) pidiendo pedido	pido pides pide pedimos pedís piden	pedía pedías pedía pedíamos pedíais pedían	pedí pediste pidió pedimos pedisteis pidieron	pediré pedirás pedirá pediremos pediréis pedirán	pediría pedirías pediría pediríamos pediríais pedirían	pida pidas pida pidamos pidáis pidan	pidiera pidieras pidiera pidiéramos pidierais pidieran	pide tú, no pidas pida usted pidamos pedid vosotros, no pidáis pidan Uds.
pensar (ie) pensando pensado	pienso piensas piensa pensamos pensáis piensan	pensaba pensabas pensaba pensábamos pensabais pensaban	pensé pensaste pensó pensamos pensasteis pensaron	pensaré pensarás pensará pensaremos pensaréis pensarán	pensaría pensarías pensaría pensaríamos pensaríais pensarían	piense pienses piense pensemos penséis piensen	pensara pensaras pensara pensáramos pensarais pensaran	piensa tú, no pienses piense usted pensemos pensad vosotros, no penséis piensen Uds.

Stem-Changing and Orthographic-Changing Verbs (continued)

Infinitive Present Participle Past Participle	Indicative					Subjunctive		Imperative
	Present	Imperfect	Preterit	Future	Conditional	Present	Imperfect	
producir (zc) produciendo producido	produzco produces produce producimos producís producen	producía producías producía producíamos producíais producían	produje produjiste produjo produjimos produjisteis produjeron	produciré producirás producirá produciremos produciréis producirán	produciría producirías produciría produciríamos produciríais producirían	produzca produzcas produzca produzcamos produzcáis produzcan	produjera produjeras produjera produjéramos produjerais produjeran	produce tú, no produzcas produzca usted produzcamos pruducid vosotros, no produzcáis produzcan Uds.
reír (i, i) riendo reído	río ríes ríe reímos reís ríen	reía reías reía reíamos reíais reían	reí reíste rio reímos reísteis rieron	reiré reirás reirá reiremos reiréis reirán	reiría reirías reiría reiríamos reiríais reirían	ría rías ría riamos riáis rían	riera rieras riera riéramos rierais rieran	ríe tú, no rías ría usted riamos reíd vosotros, no riáis rían Uds.
seguir (i, i) (ga) siguiendo seguido	sigo sigues sigue seguimos seguís siguen	seguía seguías seguía seguíamos seguíais seguían	seguí seguiste siguió seguimos seguisteis siguieron	seguiré seguirás seguirá seguiremos seguiréis seguirán	seguiría seguirías seguiría seguiríamos seguiríais seguirían	siga sigas siga sigamos sigáis sigan	siguiera siguieras siguiera siguiéramos siguierais siguieran	sigue tú, no sigas siga usted sigamos seguid vosotros, no sigáis sigan Uds.
sentir (ie, i) sintiendo sentido	siento sientes siente sentimos sentís sienten	sentía sentías sentía sentíamos sentíais sentían	sentí sentiste sintió sentimos sentisteis sintieron	sentiré sentirás sentirá sentiremos sentiréis sentirán	sentiría sentirías sentiría sentiríamos sentiríais sentirían	sienta sientas sienta sintamos sintáis sientan	sintiera sintieras sintiera sintiéramos sintierais sintieran	siente tú, no sientas sienta usted sintamos sentid vosotros, no sintáis sientan Uds.
volver (ue) volviendo vuelto	vuelvo vuelves vuelve volvemos volvéis vuelven	volvía volvías volvía volvíamos volvíais volvían	volví volviste volvió volvimos volvisteis volvieron	volveré volverás volverá volveremos volveréis volverán	volvería volverías volvería volveríamos volveríais volverían	vuelva vuelvas vuelva volvamos volváis vuelvan	volviera volvieras volviera volviéramos volvierais volvieran	vuelve tú, no vuelvas vuelva usted volvamos volved vosotros, no volváis vuelvan Uds.

Apéndice II: *Rúbricas*

Nombre del autor: _____
Título de la noticia: _____
Fecha de la lectura: _____
Nombre del lector: _____

Criterios de calidad para la tarea del capítulo 1	No lo satisface	Se acerca	Lo satisface
El titular Resume lo central de la noticia y llama la atención del lector para que se interese en continuar leyendo. Es apropiado para el lector al que va dirigida la noticia y para la sección en la que se publica.			
La entrada Presenta los aspectos más importantes del texto. Sirve de transición entre el texto y el cuerpo informativo. Es apropiada para el posible lector y para la sección en la que se publica.			
Imparcialidad La noticia no revela preferencias políticas, pero incluye aspectos positivos y negativos del candidato.			
Citas La noticia incluye citas textuales e indirectas. La información presentada en ellas es relevante para el propósito de la noticia y cumple las condiciones de imparcialidad política impuestas por el editor.			
Fuentes Las fuentes de información están claramente indicadas en el texto, usando para ello expresiones adecuadas.			
Resumen La noticia hace un resumen de las dos fuentes, usando las ideas centrales de cada una y descartando lo que no es relevante para el propósito de imparcialidad política. Utiliza correctamente las técnicas del resumen estudiadas en el capítulo.			

Nota: Comenta únicamente sobre los aspectos indicados en la rúbrica. No hagas comentarios sobre los aspectos lingüísticos (vocabulario o gramática) del texto.

Nombre del autor de la carta: _____

Fecha: _____

Nombre del lector: _____

Criterios de calidad para la tarea del capítulo 2	No lo satisface	Se acerca	Lo satisface
El registro El encabezamiento, incluyendo el saludo, y la despedida son apropiados al registro de la carta. El lenguaje de la carta es respetuoso, pero familiar.			
El propósito El primer párrafo presenta la razón, las circunstancias y el propósito de la carta de forma clara y adecuada al registro.			
Las descripciones Están ordenadas según un esquema claro y fácil de reconocer. Son ricas en detalles relevantes para formar una imagen de lo descrito en la mente del lector. Utilizan, cuando ello es posible, una variedad de impresiones. La descripción del sitio y el retrato están claramente separados.			
El cierre Expresa el deseo de ver pronto al/a la destinatario/a de forma adecuada al registro de la carta. Termina la carta dando una impresión de unidad.			

Nombre del autor de la anécdota: _____

Fecha: _____

Nombre del lector: _____

Criterios de calidad para la tarea del capítulo 3	No lo satisface	Se acerca	Lo satisface
La organización El texto tiene al menos tres párrafos. Uno de ellos contiene la introducción y otro contiene la conclusión. Si tiene más de tres párrafos, cada uno trata sobre un aspecto diferenciado de la narración.			
El propósito La razón por la cual el narrador cuenta esta historia está claramente expresada en la introducción, y la conclusión vuelve a hacer referencia a ella.			
Las acciones Las acciones están fraccionadas en otras más pequeñas y por lo tanto el lector ve el proceso que se desarrolla antes de llegar a la acción principal.			
Las descripciones El relato contiene descripciones detalladas de los personajes, del marco temporal y espacial, de tal manera que el lector puede formarse una idea clara de ellos.			

Nota: Comenta únicamente sobre los aspectos indicados. No hagas comentarios sobre aspectos lingüísticos o gramaticales del texto.

Nombre del autor del proyecto de beca: _____

Fecha: _____

Nombre del lector: _____

Criterios de calidad para la tarea del capítulo 4	No lo satisface	Se acerca	Lo satisface
La organización El texto incluye el propósito, el cronograma, los medios, las condiciones y los resultados.			
La introducción y el propósito El texto explica claramente y desde el principio qué se va a hacer, cuándo, dónde y por qué.			
El cronograma Las actividades del proyecto están claramente organizadas en cuatro etapas y se señalan los lugares que se van a visitar durante cada una de ellas.			
Las causas y las finalidades Las diferentes opciones se justifican señalando sus causas o finalidades (por qué o para qué).			
La conclusión y los resultados El proyecto presenta, a manera de conclusión, los resultados que se esperan obtener.			

Nota: Comenta únicamente sobre los aspectos indicados. No hagas comentarios sobre aspectos lingüísticos o gramaticales del texto.

Nombre del autor del ensayo expositivo: _____

Fecha: _____

Nombre del lector: _____

Criterios de calidad para la tarea del capítulo 5	Inexistente o no apropiado	Se acerca al estándar	Lo satisface
La organización El ensayo tiene una introducción, una conclusión y una sección de bibliografía. Tanto el tema como el orden de la exposición están expresados claramente en la introducción. Incluye referencias bibliográficas y citas textuales y/o resumidas. Tiene de dos a tres páginas.			
La información El texto presenta la información necesaria para explicar el tema y la expone de forma ordenada, clara y de manera factual, evitando el uso de expresiones personales.			
Las estrategias expositivas El texto utiliza adecuadamente una o varias estrategias expositivas y estas permiten presentar la información de manera clara y completa.			
La opinión personal (opcional) Si se incluye una opinión personal ésta está confinada a la conclusión, se apoya en lo dicho en la presentación del tema y evita posiciones extremas.			

Nota: Comenta únicamente sobre los aspectos indicados. No hagas comentarios sobre aspectos lingüísticos o gramaticales del texto.

Nombre del autor del ensayo argumentativo: _____

Fecha: _____

Nombre del lector: _____

Criterios de calidad para la tarea del capítulo 6	No lo satisface	Se acerca	Lo satisface
La organización El ensayo tiene una introducción, una conclusión y una sección de bibliografía. Tanto el tema como el foco y el trasfondo de la discusión están expresados claramente en la introducción. La introducción contiene una tesis clara. Incluye una conclusión claramente anunciada. Incluye referencias bibliográficas y citas textuales y/o resumidas. Tiene de dos a tres páginas.			
El cuerpo argumentativo El texto presenta los argumentos claramente organizados en párrafos que tienen una oración temática. La evidencia presentada apoya efectivamente la afirmación argumentada. La evidencia factual que se presenta es verdadera. Los razonamientos son lógicos. Las citas apoyan verdaderamente la tesis del ensayo.			

Nota: Comenta únicamente sobre los aspectos indicados. No hagas comentarios sobre aspectos lingüísticos o gramaticales del texto.

Credits

«Aerolíneas latinoamericanas en crisis,» *El Nuevo Diario*. 23 de marzo, 2006. http://www.elnuevodiario.com.ni/2006/03/23/economia/15643. 15 de mayo, 2007. Reprinted by permission of Agencia EFE/EFE NEWS Services.

Roald Dahl, *Danny, the Champion of the World*. London: Jonathan Cape Ltd and Puffin Books, 2001.

Laura Restrepo, *Dulce compañia*. Bogotá: Norma, 1995, página 137.

Índice